イラスト学問図鑑

KODOMO ECONOMICS

# こども経済学

監修

池上彰

KODANSHA

JN047094

# はじめに

―池上《いけがみ》彰《あきら》

経済学《けいざいがく》と聞《き》くと、なんだか難《むずか》しそうだなと感《かん》じる人《ひと》が多《おお》いかもしれません。でも、経済学《けいざいがく》を学《まな》んだことがなくても、あなたがふだんの生活《せいかつ》でやっていることの多《おお》くは「経済活動《けいざいかつどう》」とよばれるものです。

いちばんわかりやすいのは、お金《かね》との付《つ》き合《あ》いでしょう。たとえば、お小遣《こづか》いでゲームを買《か》おうか、それとも勉強《べんきょう》の参《さん》考書《こうしょ》を買《か》おうかと、いろいろ考《かんが》えてお金《かね》を使《つか》うことも経済活動《けいざいかつどう》です。

また、あなたは朝起《あさお》きると歯《は》ブラシと歯磨《はみが》き粉《こ》を使《つか》って歯《は》を磨《みが》き、蛇口《じゃぐち》をひねって出《で》てくる水《みず》で口《くち》をゆすぎます。学校《がっこう》に行《い》く途中《とちゅう》では、信号《しんごう》を守《まも》って横断歩道《おうだんほどう》を渡《わた》るでしょう。こんなふうに、私《わたし》たちが当《あ》たり前《まえ》に利用《りよう》しているいろいろなモノやサービスは、人々《ひとびと》の経済活動《けいざいかつどう》によって生《う》まれたものです。

みなさんは大人《おとな》になると、今度《こんど》はそうしたモノやサービスを生《う》み出《だ》す側《がわ》になります。そして、その対価《たいか》としてお金《かね》を得《え》るこ

とになるでしょう。

大人《おとな》になるとは、本格的《ほんかくてき》に経済活動《けいざいかつどう》に参加《さんか》するようになることといえるかもしれません。

経済学《けいざいがく》を学《まな》ぶとは、そんなふうにこの社会《しゃかい》を形《かたち》づくっている法則《ほうそく》を学《まな》ぶということ。いわば、この社会《しゃかい》で行《おこな》われているゲームのルールを理解《りかい》することです。経済《けいざい》の仕組《しく》みを理解《りかい》していないままゲームに参加《さんか》していると、いつのまにかもったいないことをしてしまうかもしれません。

また、経済《けいざい》の仕組《しく》みが理解《りかい》できると、ニュースの意味《いみ》がわかるようになります。政治家《せいじか》たちは何《なに》をやろうとしているのか、なぜこの商品《しょうひん》が今《いま》ブームになっているのか。経済《けいざい》がわからないとつまらないですが、経済《けいざい》がわかっていると、いろいろなニュースについて考《かんが》えをめぐらせて、楽《たの》しいと感《かん》じられるようになるはずです。

経済学《けいざいがく》って役《やく》に立《た》つし、なかなかおもしろい。この本《ほん》を読《よ》み終《お》えた時《とき》、ひとりでも多《おお》くの方《かた》にそのように思《おも》っていただければ、うれしく思《おも》います。

# もくじ

## 第《だい》1章《しょう》 「買《か》う」と「売《う》る」がわかる経済学《けいざいがく》



## 第《だい》2章《しょう》 お金《かね》の仕組《しく》みがわかる経済学《けいざいがく》

## 第《だい》3章《しょう》 世《よ》の中《なか》の動《うご》きがわかる経済学《けいざいがく》

## 第《だい》4章《しょう》 賢《かしこ》く生《い》きるための経済学《けいざいがく》

## 第《だい》5章《しょう》 身《み》の回《まわ》りのお金《かね》がわかる経済学《けいざいがく》

# 経《けい》済《ざい》学《がく》って何《なに》？

―池《いけ》上《がみ》彰《あきら》

人々《ひとびと》は集団《しゅうだん》で暮《く》らすようになってから、自分《じぶん》のとったもの・作《つく》ったものを他《ほか》の人《ひと》と交換《こうかん》するようになりました。でも、物々《ぶつぶつ》交換《こうかん》では、お互《たが》いに相手《あいて》の持《も》っているものがほしいと思《おも》っている相手《あいて》と出会《であ》わないと、交換《こうかん》が成立《せいりつ》しません。

そこで生《う》まれたのがお金《かね》です。とりあえず自分《じぶん》がいらないものをお金《かね》と交換《こうかん》しておけば、あとでそのお金《かね》を別《べつ》のものと交換《こうかん》できる。こうすれば物々交換《ぶつぶつこうかん》よりラクです。こんなふうに、昔《むかし》から、人々《ひとびと》は経済活動《けいざいかつどう》をしていました。

するとそのうち、こう考《かんが》える人《ひと》たちが出《で》てきます。

「交換活動《こうかんかつどう》には、何《なに》か法則《ほうそく》があるんじゃないか。その法則《ほうそく》を解《と》き明《あ》かすことができれば、もっとみんなの生活《せいかつ》がよくなるんじゃないか」

ここから、いろいろな考《かんが》え方《かた》が生《う》まれました。

そのなかで、今《いま》の経済学《けいざいがく》の土台《どだい》を作《つく》ったのがアダム・スミスです。スミスは「みんながそれぞれ、自分《じぶん》のトクを考《かんが》えて行動《こうどう》

すれば、社会全体《しゃかいぜんたい》がうまくいく」という考《かんが》え方《かた》をまとめました。

その後《ご》、さまざまな経済学《けいざいがく》が生《う》まれました。そのなかでも、経済学《けいざいがく》は大《おお》きくマクロ経済学《けいざいがく》とミクロ経済学《けいざいがく》に分《わ》けられます。マクロは「大《おお》きい」、ミクロは「小《ちい》さい」という意味《いみ》です。マクロ経済学《けいざいがく》は、国全体《くにぜんたい》の景気《けいき》をよくするために政府《せいふ》は何《なに》をすればいいのかなどを考《かんが》える学問《がくもん》。一方《いっぽう》のミクロ経済学《けいざいがく》は、ふつうの個《こ》人《じん》や企業《きぎょう》が買《か》い物《もの》をしたりビジネスをしたりする時《とき》に、どういう法則《ほうそく》があるのかを調《しら》べる学問《がくもん》です。

この本《ほん》では、マクロ経済学《けいざいがく》とミクロ経済学《けいざいがく》を中心《ちゅうしん》に、行動経《こうどうけい》済学《ざいがく》の内容《ないよう》も含《ふく》め、経済学全般《けいざいがくぜんぱん》についてざっくりと理解《りかい》してもらえるようにしました。

経済学《けいざいがく》の範囲《はんい》からはちょっと外《はず》れているけれど、経済《けいざい》と関係《かんけい》が深《ふか》い身《み》の回《まわ》りのさまざまなお金《かね》の仕組《しく》みについても取《と》り上《あ》げています。この本《ほん》を読《よ》んで興味《きょうみ》のある部分《ぶぶん》があれば、ぜひ、それぞれの経済学《けいざいがく》についてよりくわしく書《か》かれた本《ほん》も読《よ》んでみてください。

## この本《ほん》のキャラクター

## のん気《き》なミズダコ

Optimistic Octopus

# 第《だい》1章《しょう》

# 「買《か》う」と「売《う》る」がわかる経済学《けいざいがく》

# 経済学《けいざいがく》ってそもそも何《なに》?

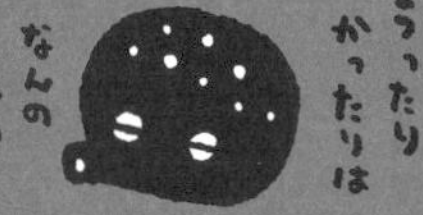


世《よ》の中《なか》のムダをなくして、社会《しゃかい》を幸福《こうふく》にするのが経済学《けいざいがく》。

# すべてのものは資源《しげん》！

みんなのしあわせのため

経《けい》済《ざい》は「**経世済民**《けいせいさいみん》」を短《みじか》くした言葉《ことば》です。明治時代《めいじじだい》に「エコノミー（economy）」という英語《えいご》が伝《つた》わった時《とき》、これを日本語《にほんご》にどう訳《やく》すかを考《かんが》え、中国語《ちゅうごくご》の**「経世済民**《けいせいさいみん》**（世**《よ》**の中**《なか》**を治**《おさ》**めて人々**《ひとびと》**を救**《すく》**う）」**を当《あ》てはめて生《う》まれたとされています。

経済学《けいざいがく》というと、お金儲《かねもう》けの学問《がくもん》だと思《おも》う人《ひと》がいるかもしれませんが、ちょっと違《ちが》います。経済学《けいざいがく》は**カネ・モノ・コト（資**《し》**源**《げん》**）をどうすればムダなく使**《つか》**えるかを考**《かんが》**える学問**《がくもん》です。これはロビンズという経済学者《けいざいがくしゃ》が定義《ていぎ》しました。

たとえば、タコさんが育《そだ》てた木《き》に100個《こ》のリンゴが実《みの》ったとします。でも、タコさんだけでリンゴを100個《こ》も食《た》べられないし、ほうっておいたらリンゴは腐《くさ》ります。だったら、**食**《た》**べきれないリンゴを他**《ほか》**の人**《ひと》**に売**《う》**れれば、タコさんはお金**《かね》**が手**《て》**に入**《はい》**るし、他**《ほか》**の人**《ひと》**もリンゴを食**《た》**べられます。**また、リンゴの木《き》を育《そだ》てるために、タコさんが水《みず》をあげたりした手間《てま》や時間《じかん》もムダになりません。

こんなふうに、資源《しげん》をムダなく、うまく使《つか》うことを**資源**《しげん》**の最**《さい》**適配分**《てきはいぶん》といいます。経済学《けいざいがく》とは、資源《しげん》をうまく配分《はいぶん》する方法《ほうほう》を考《かんが》える学問《がくもん》であるといえるのです。

語 **資源**《しげん》**の最適配分**《さいてきはいぶん》

人 **ライオネル・ロビンズ**

経済的《けいざいてき》っていう言葉《ことば》は「ムダがなくて安上《やすあ》がり」って意味《いみ》なんだって。

# 経済学《けいざいがく》は選択《せんたく》の学問《がくもん》？

どっちにしようか…

何《なに》かを選《えら》ぶとは、それ以外《いがい》を「選《えら》ばない」ということ。

¥100
アーモンド
CHOCOLATE
or
ポテトチップス
うすしお
トレードオフ
チョコで正解《せいかい》!!
やっぱりポテチにすればよかった…
機会《きかい》費用《ひよう》

# 人間《にんげん》の行動《こうどう》はすべて選択《せんたく》

せんたくを
まちがえないためには…

経《けい》済学《ざいがく》は「選択《せんたく》の学問《がくもん》」ともいわれます。というのも、**あらゆる資源《しげん》には限《かぎ》り**（**希少性**《きしょうせい》）**がある**からです。たとえば、石油《せきゆ》はガソリンなどの燃料《ねんりょう》や、プラスチックなど、いろいろなものを作《つく》り出《だ》せますが、埋蔵量《まいぞうりょう》に限《かぎ》りがあります。だから、石《せき》油《ゆ》をどのくらい掘《ほ》って、何《なに》を作《つく》るのに使《つか》うかを選択《せんたく》することを考《かんが》えるのも、経済学《けいざいがく》なのです。

これは、あなたのふだんの行動《こうどう》でも同《おな》じです。たとえば100円《えん》のお小遣《こづか》いで、チョコレートを買《か》うか、スナック菓子《がし》を買《か》うかを悩《なや》んだりすることもあるでしょう。これは**お小遣《こづか》い（お金《かね》）にも希少性《きしょうせい》がある**からです。

そして、**「何《なに》かを選《えら》ぶ」とは「それ以外《いがい》のものを選《えら》ばない（失《うしな》う）」ということです。**たとえば、100円《えん》のお小遣《こづか》いでチョコを買《か》ったら、スナック菓子《がし》を買《か》うチャンス（機会《きかい》）を失《うしな》ったということです。このように、**何《なに》かを得《え》るために別《べつ》の何《なに》かを失《うしな》う関《かん》係《けい》**を、経済学《けいざいがく》では**トレードオフ**といい、選《えら》ばなかった選択肢《せんたくし》を**機会費用**《きかいひよう》といいます。「スナック菓子《がし》を食《た》べるチャンス（機会《きかい》）をコスト（費用《ひよう》）として支払《しはら》い、チョコを買《か》った」とも考《かんが》えられるわけです。

語 **トレードオフ**

チョコもスナック菓子《がし》も買《か》わなかったら、「どちらも買《か》わない」という選択《せんたく》をしたことになる。「選択《せんたく》」からは逃《に》げられないんだね。

# 人《ひと》はどうやって選択《せんたく》する？

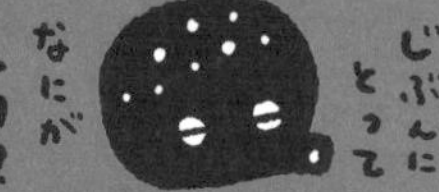
じぶんにとって
なにがトク？

## みんな「自分《じぶん》がトクする」ことを選《えら》ぶ。

・・・
まいどー
1本《ぽん》150円《えん》
1本《ぽん》200円《えん》
ホモ・エコノミクス

# 人間《にんげん》は合理的《ごうりてき》に行動《こうどう》する

SALE
ついつい みちゃう

人《ひと》は何《なに》かを選択《せんたく》する時《とき》、どうやって選《えら》んでいるのでしょうか。**経済学《けいざいがく》では基本的《きほんてき》に、「人間《にんげん》は合理的《ごうりてき》に行動《こうどう》する」という前提《ぜんてい》で物事《ものごと》を考《かんが》えます。**「合理的《ごうりてき》」は経済学《けいざいがく》を理解《りかい》するための重要《じゅうよう》ワードで、要《よう》するに**「自分《じぶん》がいちばんトクするものを選《えら》ぶ」**ということです。

たとえば、まったく同《おな》じノートが、コンビニでは1冊《さつ》200円《えん》で売《う》られていて、その向《む》かいの文房具店《ぶんぼうぐてん》では1冊《さつ》150円《えん》で売《う》られていたら、文房具店《ぶんぼうぐてん》で買《か》いますよね。そのほうが50円《えん》トクするからです。

このように、**つねに合理的《ごうりてき》な行動《こうどう》をする人《ひと》を、経済学《けいざいがく》ではホモ・エコノミクス（合理的経済人《ごうりてきけいざいじん》）とよびます**（ただし実際《じっさい》の社《しゃ》会《かい》では、人々《ひとびと》は合理的《ごうりてき》ではない行動《こうどう》もよくします。そのため、そうした人間《にんげん》の非合理的《ひごうりてき》な行動《こうどう》の仕組《しく》みを研究《けんきゅう》する行動経済学《こうどうけいざいがく》という学問《がくもん》もあります）。

また、**人々《ひとびと》の選択《せんたく》に影響《えいきょう》を与《あた》える原因《げんいん》をインセンティブ（誘《ゆう》因《いん》）といいます。**たとえば、人々《ひとびと》が200円《えん》のノートよりも150円《えん》のノートを好《この》んで買《か》うなら、「ノートを選《えら》ぶ時《とき》、値段《ねだん》がインセンティブになる」などと表現《ひょうげん》できるのです。

語 **ホモ・エコノミクス**

生物学的《せいぶつがくてき》には、人間《にんげん》はホモ・サピエンスってよばれるよ。ホモは「人間《にんげん》」、サピエンスは「賢《かしこ》い」って意味《いみ》なんだって。

# 値《ね》段《だん》はどうやって決《き》まる？

いくらなら かってくれるだろう

買《か》いたい人《ひと》と売《う》りたい人《ひと》のシーソーゲームで値《ね》段《だん》は決《き》まる。

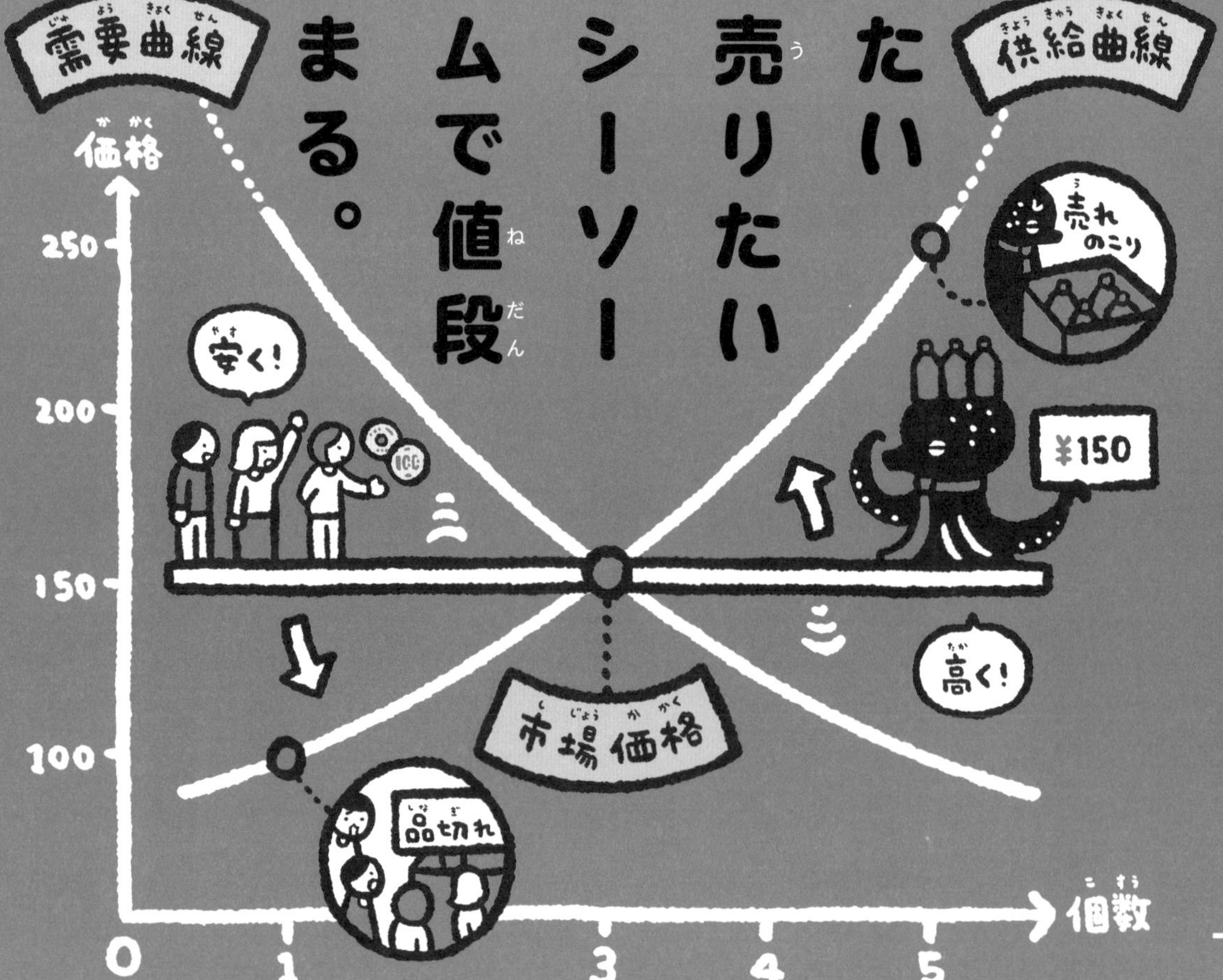

# 安《やす》く買《か》いたいvs高《たか》く売《う》りたい

さげたら
あかじだ…
これ
いじょう

私《わたし》たちの身《み》の回《まわ》りには、値段《ねだん》が高《たか》いものもあれば、安《やす》いものもあります。こうした値段《ねだん》が決《き》まる時《とき》に登場《とうじょう》するのが、経済学《けいざいがく》の超重要《ちょうじゅうよう》ワードである**需要《じゅよう》**と**供給《きょうきゅう》**です。

簡単《かんたん》に説明《せつめい》すると、**需要《じゅよう》は「買《か》いたい」という気持《きも》ち、供給《きょうきゅう》は「売《う》ります」という行動《こうどう》**です。買《か》いたい人《ひと》がたくさんいるのに、売《う》る人《ひと》が少《すく》ない（需要《じゅよう》が供給《きょうきゅう》より多《おお》い）ものだと、値段《ねだん》は高《たか》くなります。たとえば、大粒《おおつぶ》のダイヤモンドはなかなか採《と》れないので供給《きょうきゅう》が少《すく》ないですね。でも、キレイなのでたくさんの人《ひと》がほしがります。だから、ダイヤモンドの値段《ねだん》は高《たか》くなります。逆《ぎゃく》に、道《みち》ばたの石《いし》ころは10円《えん》でも買《か》いたい人《ひと》はいないですよね。つまり、供給《きょうきゅう》が需要《じゅよう》より多《おお》いのです。

また、ふつうは**あるものの値段《ねだん》が上《あ》がると、それの需要《じゅよう》は減《へ》り、逆《ぎゃく》に供給《きょうきゅう》は増《ふ》えます。**買《か》う人《ひと》は「安《やす》く買《か》えるなら、ほしい」と考《かんが》え、売《う》る人《ひと》は「高《たか》く売《う》れるなら、売《う》りたい」と考《かんが》えるからです。マーシャルなどの経済学者《けいざいがくしゃ》は、こうした需要《じゅよう》と供給《きょうきゅう》の変化《へんか》を、曲線《きょくせん》のグラフで表《あらわ》しました。そうしてできた**需要曲線《じゅようきょくせん》と供給曲線《きょうきゅうきょくせん》が交《まじ》わるポイントで、モノの値段《ねだん》（と供給量《きょうきゅうりょう》）が決《き》まる**と考《かんが》えます。

語 **需要《じゅよう》／供給《きょうきゅう》**

人 **アルフレッド・マーシャル**

「需要《じゅよう》と供給《きょうきゅう》さえ覚《おぼ》えれば、オウムでさえも博学《はくがく》の経済学者《けいざいがくしゃ》になれる」なんていう言葉《ことば》もあるみたいだよ。

# 「景気《けいき》がいい」って何《なに》？

ほしいけど…
いまはガマンしよ

みんながどのくらい売《う》り買《か》いしているかを示《しめ》すのが景《けい》気《き》。

…

# 景気《けいき》は気持《きも》ちで変《か》わる？

やっぱりかっちゃお！
いや!!

大人《おとな》の会話《かいわ》や、ニュースなどでよく聞《き》く景気《けいき》。この景気《けいき》とは**「モノやサービスが世《よ》の中《なか》でどれくらい売《う》り買《か》いされているか」**を測《はか》るものです。「景気《けいき》がいい（**好景気《こうけいき》**）＝世《よ》の中《なか》でモノやサービスがたくさん売《う》り買《か》いされている」、「景気《けいき》が悪《わる》い（**不景気《ふけいき》**）＝世《よ》の中《なか》でモノやサービスがあまり売《う》り買《か》いされていない」ということです。

たとえば給料《きゅうりょう》が増《ふ》えたら、「新《あたら》しい服《ふく》を買《か》おうかな」「お酒《さけ》をもう1杯《ぱい》飲《の》もうかな」と考《かんが》えて、たくさん買《か》い物《もの》をしたりしますよね。こんなふうに、**みんながたくさんお金《かね》を出《だ》すようになると、景気《けいき》はよくなります。**ただ、この時《とき》「今年《ことし》は給料《きゅうりょう》が増《ふ》えたけど、来年《らいねん》は減《へ》るかも……」と考《かんが》える人《ひと》が多《おお》いと、お金《かね》は使《つか》われず、景気《けいき》はよくならないかもしれません。こんなふうに、**景気《けいき》は気持《きも》ちに左右《さゆう》されたりもします。**

ちなみに、**好景気《こうけいき》と不景気《ふけいき》は波《なみ》のように順番《じゅんばん》にやってきます（景気循環《けいきじゅんかん》）。**そして、不景気《ふけいき》にも役割《やくわり》があります。みんながあまり買《か》い物《もの》をしなくなると、企業《きぎょう》は人々《ひとびと》に買《か》ってもらえるように努力《どりょく》して、よい商品《しょうひん》・サービスを作《つく》ります。不景気《ふけいき》が、よい商品《しょうひん》・サービスが増《ふ》えるきっかけにもなるのです。

語 **景気《けいき》**

人 **ジョセフ・キチン**
**ニコライ・コンドラチェフ**

景気循環《けいきじゅんかん》の波《なみ》は「キチンの波《なみ》」とか「コンドラチェフの波《なみ》」とか、発見《はっけん》した人《ひと》の名前《なまえ》でいくつも種類《しゅるい》があるんだって。

# 調子《ちょうし》にのったら…

# 第《だい》2章《しょう》

## お金《かね》の仕《し》組《く》みがわかる経《けい》済《ざい》学《がく》

# お金《かね》ってそもそも何《なに》？

みんながほしがるふしぎなかみ

価値《かち》があるとみんなが信《しん》じているものがお金《かね》。

# 政府の信用が大事

さいきんはキャッシュレスに

お金《かね》（貨幣《かへい》）の正体《しょうたい》は**「これには価値《かち》がある」とみんなが思《おも》いこんでいるもの**です。たとえば一万円札《いちまんえんさつ》は、「これは1万円《まんえん》の価値《かち》がある紙《かみ》です」という日本政府《にほんせいふ》の言葉《ことば》を、みんなが信《しん》じているだけ。こんなふうに、**人々《ひとびと》がなんとなく信《しん》じているものを共同幻想といいます。**

そもそも昔《むかし》の日本《にっぽん》では、米《こめ》などがお金《かね》として使《つか》われていました。米《こめ》はみんながほしがるからです。ただ、米《こめ》はあまり長持《ながも》ちせず、使《つか》いにくいので、だんだん金《きん》や銀《ぎん》がお金《かね》として使《つか》われます。でも、金《きん》や銀《ぎん》は重《おも》くて、持《も》ち運《はこ》ぶのが大変《たいへん》です。そこで、**「この紙《かみ》があれば、いつでも金《きん》と交換《こうかん》しますよ」**という紙《かみ》（兌換券）が作《つく》られました。このように、いつでも金《きん》と交換《こうかん》できるお札《さつ》を使《つか》うルールを金本位制といいます。

でも、1930年《ねん》くらいから、日本《にっぽん》をふくむ世界中《せかいじゅう》の国《くに》が、この金本位制《きんほんいせい》をやめました。金本位制《きんほんいせい》だと、政府《せいふ》が持《も》っている金《きん》よりも多《おお》くのお金《かね》を自由《じゆう》に作《つく》れないからです。そこで、**「金《きん》ではなく、政府《せいふ》を信用《しんよう》してお金《かね》を使《つか》ってください」**という管理通貨制度が始《はじ》まったのです。今《いま》では世界中《せかいじゅう》で、この管理通貨制《かんりつうかせい》度《ど》が当《あ》たり前《まえ》になっています。

語 **共同幻想《きょうどうげんそう》**

昔《むかし》の中国《ちゅうごく》では貝殻《かいがら》がお金《かね》だったんだって。だから、「買《ばい》」「貯《ちょ》」「財《ざい》」みたいな、お金《かね》にまつわる漢字《かんじ》には「貝《かい》」がよく使《つか》われるみたいだよ。

# 銀行《ぎんこう》は何《なに》をするところ？

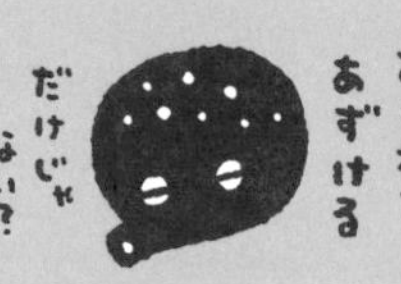
おかねをあずけるだけじゃない？

お金《かね》が余《あま》っているところから、足《た》りないところに移動《いどう》させるのが銀行《ぎんこう》の仕事《しごと》。

預《あず》かります
BANK
貸《か》しましょう

# お金を効率的に社会で回す

もとはわたしのおかねがつかわれてる!?

語 金融《きんゆう》

銀行《こう》は、お金《かね》を預《あず》かってくれるだけのところではありません。銀行《ぎんこう》のいちばん大事《だいじ》な仕事《しごと》は金融です。金融《きんゆう》とは、**お金《かね》が余《あま》っている人《ひと》から、お金《かね》が足《た》りない人《ひと》に融通《ゆうずう》する（渡《わた》す）**ことです。銀行《ぎんこう》に預《あず》けられたお金《かね》は、要《よう》するに「すぐに使《つか》う予《よ》定《てい》がないお金《かね》」です。**銀行《ぎんこう》はそういった今《いま》のところ使《つか》う予定《よてい》のないお金《かね》を集《あつ》めて、すぐにお金《かね》を使《つか》いたい人《ひと》や企業《きぎょう》に貸《か》しているのです。**

11ページで説明《せつめい》したように、**経済《けいざい》で大切《たいせつ》なのは資源《しげん》を効率的《こうりつてき》に使《つか》うこと**です。お金《かね》も資源《しげん》なので、すぐ使《つか》わないお金《かね》をほったらかしておくのは、よくありません。

銀行《ぎんこう》は、お金《かね》という資源《しげん》が社会全体《しゃかいぜんたい》でムダなく使《つか》われるように動《うご》かしているのです。

その代《か》わり、銀行《ぎんこう》は預《あず》かったお金《かね》を他《ほか》の人《ひと》に貸《か》す時《とき》、**「この人《ひと》（企業《きぎょう》）は、貸《か》したお金《かね》をちゃんと返《かえ》してくれるだろうか」ということをチェックします。**

たとえば企業《きぎょう》が新《あたら》しい商品《しょうひん》を作《つく》るためにお金《かね》を借《か》りたいと言《い》ってきたら、銀行《ぎんこう》はその商品《しょうひん》が本当《ほんとう》に売《う》れそうなのかをよく調《しら》べて、お金《かね》を貸《か》すか貸《か》さないかを決《き》めているのです。

明治時代《めいじじだい》、金融機関《きんゆうきかん》の名前《なまえ》を「金行《きんこう》」か「銀行《ぎんこう》」かで決《き》める時《とき》、語呂《ごろ》のよさから「銀行《ぎんこう》」に決《き》まったらしいよ。

# お金《かね》を貸《か》すとお金《かね》が増《ふ》える？

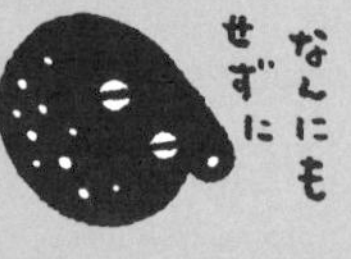
なんにもせずにおかねがふえる？

他《ほか》の人《ひと》にお金《かね》を貸《か》すと利息《りそく》という「我慢料《がまんりょう》」がもらえる。

貸付《かしつけ》金利《きんり》
3%
普通預金《ふつうよきん》金利《きんり》
0.001%
欲《ほ》しいけどお金《かね》は銀行《ぎんこう》にあるしがまんしよ
貸 100万円《まんえん》
預 100万円《まんえん》
BANK
3万円《まんえん》
10円《えん》
利息《りそく》
ちょっとずつ増《ふ》えてる
利息《りそく》

# 銀行の預金が増えるワケ

あずける
きんりは
どんどん
さがってる
らしい

私たちが銀行《ぎんこう》にお金《かね》を預《あず》けると、利息(利子)がついて、少《すこ》しずつ自分《じぶん》のお金《かね》が増《ふ》えます。これはなぜかというと、**銀行《ぎんこう》にお金《かね》を預《あず》けるのは、私《わたし》たちが銀行《ぎんこう》にお金《かね》を貸《か》しているのと同《おな》じ**だからです。

お金《かね》を他《ほか》の人《ひと》に貸《か》している時《とき》、そのお金《かね》は自由《じゆう》に使《つか》えませんよね。サイフの中《なか》の千円札《せんえんさつ》はいつでもすぐ使《つか》えるけど、銀行《ぎんこう》に預《あず》けている1000円《えん》は、ATM《エーティーエム》などで引《ひ》き出《だ》さないと(銀行《ぎんこう》から返《かえ》してもらわないと)、自由《じゆう》に使《つか》えません。この**「お金《かね》を自由《じゆう》に使《つか》えない我慢料《がまんりょう》」が利息《りそく》で、その利息《りそく》の割合《わりあい》を**金利**といいます。**

逆《ぎゃく》に、銀行《ぎんこう》が他《ほか》の人《ひと》や企業《きぎょう》にお金《かね》を貸《か》す時《とき》は、銀行《ぎんこう》が利息《りそく》をもらいます。この時《とき》、**銀行《ぎんこう》がみんなから借《か》りたお金《かね》に払《はら》う金利《きんり》と、貸《か》したお金《かね》でもらえる金利《きんり》の差《さ》が銀行《ぎんこう》の儲《もう》けになります。**

大手《おおて》の銀行《ぎんこう》だと、ふつうにお金《かね》を預《あず》けたら金利《きんり》は0.001%《パーセント》です(2023年時点《ねんじてん》)。ここで、銀行《ぎんこう》が金利《きんり》3%《パーセント》で他《ほか》の人《ひと》や会社《かいしゃ》に貸《か》せば、3%《パーセント》と0.001%《パーセント》の差《さ》が銀行《ぎんこう》の儲《もう》けになるわけです(実際《じっさい》の銀行《ぎんこう》の儲《もう》けの計算方法《けいさんほうほう》はもっと複雑《ふくざつ》ですが)。

**金利《きんり》**

100円《えん》を貸《か》して、101円《えん》を返《かえ》してもらったら、金利《きんり》は1%《パーセント》、利息《りそく》は1円《えん》ということになるよ。

# 中《ちゅう》央《おう》銀《ぎん》行《こう》ってどんな銀《ぎん》行《こう》？

ぎんこうがピンチに
なったら
どうなる？

## 中央《ちゅうおう》銀行《ぎんこう》はお金《かね》も作《つく》り出《だ》せる「銀行《ぎんこう》の銀行《ぎんこう》」。

BANK

# 銀行のお金を預《あず》かってくれる

私《わたし》たちはふつう、すぐに使《つか》わないお金《かね》は銀行《ぎんこう》に預《あず》けます。自宅《じたく》に置《お》いていたら、泥棒《どろぼう》に盗《ぬす》まれたり、火事《かじ》で燃《も》えてしまったりするかもしれないからです。

でも、銀行《ぎんこう》も絶対安全《ぜったいあんぜん》ではありません。**銀行《ぎんこう》もいざという時《とき》のために、集《あつ》めたお金《かね》の一部《いちぶ》を他《ほか》のところに預《あず》かってもらいます。**

その、銀行《ぎんこう》のお金《かね》を預《あず》かってくれるのが**中央銀行**です。中央《ちゅうおう》銀行《ぎんこう》は、ふつうの銀行《ぎんこう》がピンチの時《とき》にもお金《かね》を貸《か》すので、**最後の貸し手**ともよばれます。中央銀行《ちゅうおうぎんこう》はいわば、**「銀行《ぎんこう》のための銀行《ぎんこう》」**です。日本《にっぽん》の中央銀行《ちゅうおうぎんこう》は**日本銀行《にっぽんぎんこう》**です。アメリカだと連邦準備制度理事会《れんぽうじゅんびせいどりじかい》（ＦＲＢ《エフアールビー》）、ＥＵ《イーユー》だと欧州中央銀行《おうしゅうちゅうおうぎんこう》（ＥＣＢ《イーシービー》）などがあります。

また、中央銀行《ちゅうおうぎんこう》は**発券銀行《はっけんぎんこう》**という役割《やくわり》もあります。**お札《さつ》（紙幣《しへい》）を発行《はっこう》できる唯一《ゆいいつ》の機関《きかん》である**ということです。世《よ》の中《なか》のお金《かね》の量《りょう》は、多《おお》すぎても少《すく》なすぎてもいけません。その時《とき》の景気《けいき》に応《おう》じて、ちょうどいい量《りょう》にする必要《ひつよう》があります。そのため、中央銀行《ちゅうおうぎんこう》は日本政府《にほんせいふ》からも独立《どくりつ》して、自分《じぶん》たちでお金《かね》を刷《す》る量《りょう》を決《き》めています。

語 **中央銀行《ちゅうおうぎんこう》**

紙幣《しへい》を作《つく》るのは日本銀行《にっぽんぎんこう》だけだけど、100円玉《えんだま》などの硬貨《こうか》を作《つく》るのは日本政府《にほんせいふ》なんだって。

# 銀行《ぎんこう》はお金《かね》を増《ふ》やせる？

銀行《ぎんこう》がお金《かね》を貸《か》せば貸《か》すほど世《よ》の中《なか》のお金《かね》が増《ふ》える！

# 銀行が信用できるワザ

わたしを
しんようして
どんどん
ふやし
ましょう

お金《かね》を作《つく》るのは国《くに》です。でも、**じつはふつうの銀行《ぎんこう》も、預《あず》かったお金《かね》を他《ほか》の人《ひと》に貸《か》すことで、世《よ》の中《なか》のお金《かね》の量《りょう》を増《ふ》やせます。**これを信用創造といいます。フィリップスなどの経済学者《けいざいがくしゃ》がそのメカニズムを研究《けんきゅう》しました。

たとえば、タコ銀行《ぎんこう》が1万人《まんにん》から100万円《まんえん》ずつ、合計《ごうけい》100億円《おくえん》のお金《かね》を預《あず》かったとします。ここでタコ銀行《ぎんこう》は、90億《おく》円《えん》をイカ商事《しょうじ》に貸《か》しました。ただしこの時《とき》、タコ銀行《ぎんこう》は90億円《おくえん》の現金《げんきん》をイカ商事《しょうじ》に渡《わた》すわけではなく、タコ銀行《ぎんこう》の中《なか》にあるイカ商事《しょうじ》の口座《こうざ》に90億円《おくえん》を書《か》き足《た》します。そうすると、**現実《げんじつ》のお金《かね》は100億円《おくえん》のまま、タコ銀行《ぎんこう》の帳簿上《ちょうぼじょう》では190億円《おくえん》もの預金《よきん》がある**ことになります。つまり、90億円《おくえん》のお金《かね》が増《ふ》えるのです。化《ば》かされた感《かん》じもしますが、世《よ》の中《なか》の銀行《ぎんこう》は、毎日《まいにち》これをやっているのです。

この信用創造《しんようそうぞう》は「預金者《よきんしゃ》が、みんな同時《どうじ》に預金《よきん》をぜんぶ引《ひ》き出《だ》すことはない」からこそできます。もし、「タコ銀行《ぎんこう》は危《あぶ》ないらしい」というウワサが広《ひろ》まり、**預金者《よきんしゃ》が一斉《いっせい》にお金《かね》を引《ひ》き出《だ》そうとすると、大混乱《だいこんらん》が起《お》こります。**これを取り付け騒ぎといいます。

語 **信用創造《しんようそうぞう》**

人 **チェスター・アーサー・フィリップス**

日本《にっぽん》でも、ちょっとしたウワサ話《ばなし》がきっかけで、銀行《ぎんこう》の取《と》り付《つ》け騒《さわ》ぎが起《お》きたことが何回《なんかい》もあるんだって。

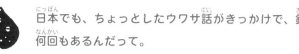

# インフレ、デフレって何《なに》？

うずからぬけだすには…
モノ・サービス
売《う》れないから値下《ねさ》げ
企業《きぎょう》・店舗《てんぽ》
売《う》り上《あ》げが減《へ》る
働《はたら》く人《ひと》
給料《きゅうりょう》が減《へ》る
家計《かけい》
お金《かね》を使《つか》わない

景気《けいき》が変《か》わるといろいろなモノの値段《ねだん》が変《か》わる。

# 景気《けいき》がいいと値段《ねだん》は上《あ》がる

いまの
にほんの
ばあいは？

**インフレはインフレーションの略《りゃく》で、「世《よ》の中《なか》のいろいろなモノの値段《ねだん》が上《あ》がること」**です。逆《ぎゃく》に**デフレ**（デフレーション）は、**「世《よ》の中《なか》のいろいろなモノの値段《ねだん》が下《さ》がること」**を指《さ》します。

**デフレはふつう、不景気《ふけいき》の時《とき》に起《お》こります。**景気《けいき》が悪《わる》くなると、みんなのサイフのひもが固《かた》くなるので、値段《ねだん》を下《さ》げないと売《う》れないからです。でも、安売《やすう》りすると企業《きぎょう》の儲《もう》けが少《すく》なくなり、そこで働《はたら》く人《ひと》の給料《きゅうりょう》も減《へ》ります。給料《きゅうりょう》が少《すく》なくなると、人々《ひとびと》はもっと安《やす》いものを求《もと》め、さらに値段《ねだん》が下《さ》がりますね。この流《なが》れをデフレ・スパイラルといいます。

一方《いっぽう》、インフレにはふたつあります。**需要《じゅよう》が増《ふ》えることで値段《ねだん》が上《あ》がる**ディマンド・プル・インフレと、**材料費《ざいりょうひ》などのコストが上《あ》がることで値段《ねだん》が上《あ》がる**コスト・プッシュ・インフレです。ディマンド・プル・インフレはみんなの給料《きゅうりょう》もいっしょに増《ふ》えることが多《おお》いので「よいインフレ」といえます。でもコスト・プッシュ・インフレだと給料《きゅうりょう》が増《ふ》えず、モノの値段《ねだん》だけ上《あ》がることがあります。このように、**景気《けいき》がよくないのに物価《ぶっか》だけ上《あ》がる**ことをスタグフレーションとよびます。

語 **インフレ／デフレ**

スタグフレーションは、スタグネーション（景気《けいき》の停滞《ていたい》）とインフレーションを組《く》み合《あ》わせた言葉《ことば》なんだとか。

# 円《えん》安《やす》、円《えん》高《だか》って何《なに》？

円《えん》やドルなどのお金《かね》の値段《ねだん》は毎日《まいにち》変《か》わっている。

# ドルは昨日より高い？

アメリカに旅行《りょこう》に行《い》く時《とき》は、アメリカのお金《かね》(ドル)を手《て》に入《い》れる必要《ひつよう》がありますね。この時《とき》、**円《えん》とドルなど、違《ちが》う国《くに》の通貨《つうか》の交換基準《こうかんきじゅん》を**為替《かわせ》レート**といいます。為替《かわせ》レートはつねに変《か》わっています。**たとえば、昨日《きのう》は1ドル＝150円《えん》だったのに、今日《きょう》は1ドル＝151円《えん》だった場《ば》合《あい》を考《かんが》えましょう。1ドルの値段《ねだん》を考《かんが》えると、昨日《きのう》より今日《きょう》のほうが、ドルが値上《ねあ》がりしています。逆《ぎゃく》に考《かんが》えると、それだけ円《えん》が安《やす》くなったということ。つまり、**1ドルが150円《えん》から151円《えん》になったら、「円安（ドル高《だか》）になった」**ということです。逆《ぎゃく》に、1ドルが150円《えん》から149円《えん》になったら「円高 **(ドル安《やす》)**になった」といいます。

**通貨《つうか》の値段《ねだん》も、やっぱり需要《じゅよう》と供給《きょうきゅう》で決《き》まります。**ドルがほしい人《ひと》がたくさんいれば、ドルは高《たか》くなります。逆《ぎゃく》に、ドルより円《えん》がほしいという人《ひと》が多《おお》いと、ドルは安《やす》くなります。たとえば、2008年《ねん》にアメリカでリーマンショックという経済的《けいざいてき》な事件《じけん》が起《お》きた時《とき》、アメリカ経済《けいざい》が心配《しんぱい》になった多《おお》くの人《ひと》がドルを売《う》りました。その結果《けっか》、1ドルが80円台《えんだい》まで値下《ねさ》がりした(円高《えんだか》になった)こともあるのです。

語 **円安《えんやす》／円高《えんだか》**

戦後《せんご》、1949年《ねん》から1971年《ねん》までは1ドル＝360円《えん》で固定《こてい》されていたんだって。そっちのほうが、計算《けいさん》がラクでいいのにね。

# 円高《えんだか》と円安《えんやす》、どっちがいい？

10ねんまえは
1ドル100えんだった

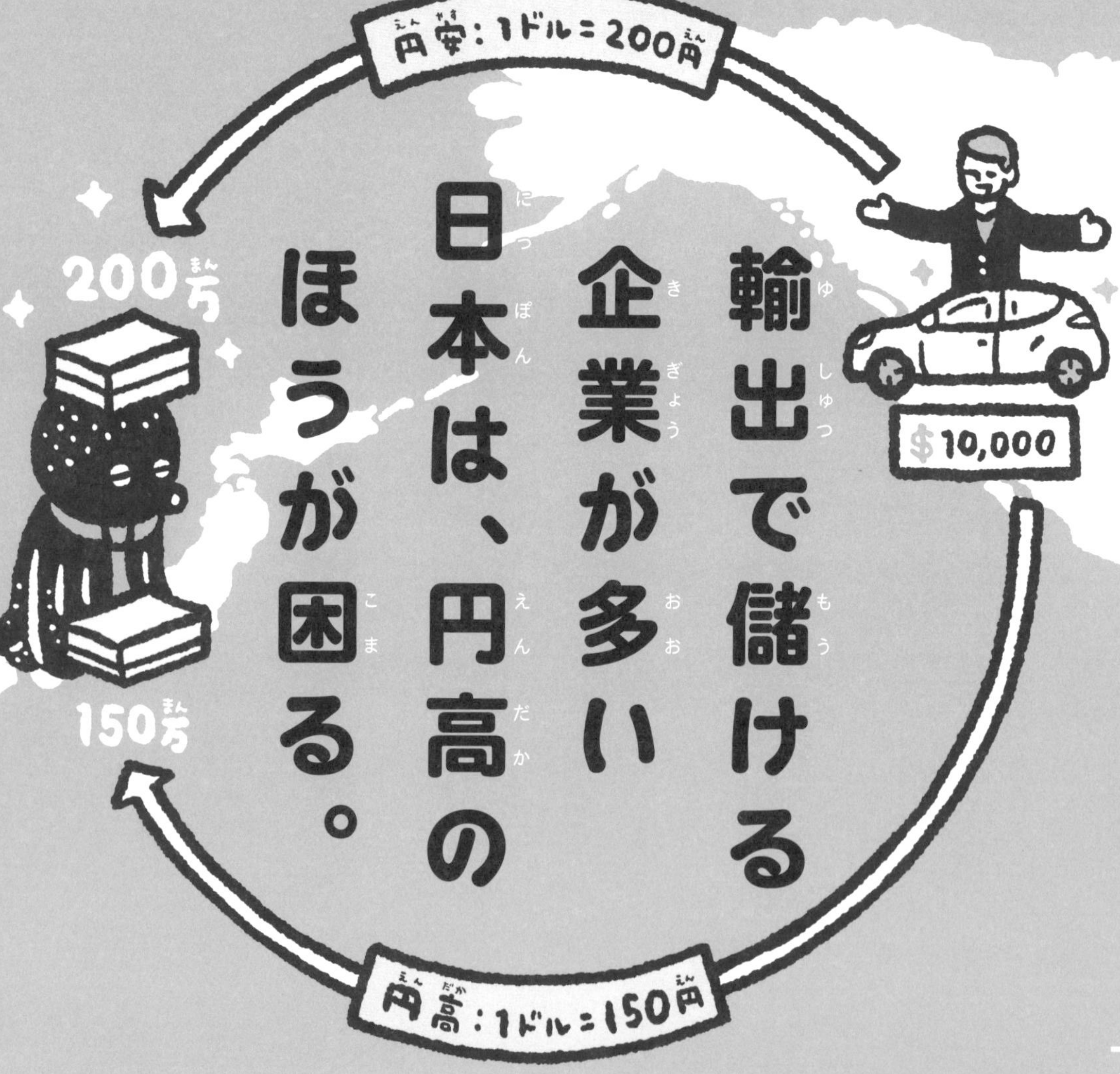
円安《えんやす》：1ドル=200円《えん》
$10,000
200万《まん》
150万《まん》
円高《えんだか》：1ドル=150円《えん》

輸出《ゆしゅつ》で儲《もう》ける企業《きぎょう》が多《おお》い日本《にっぽん》は、円高《えんだか》のほうが困《こま》る。

# 円《えん》の値段《ねだん》を下《さ》げるには？

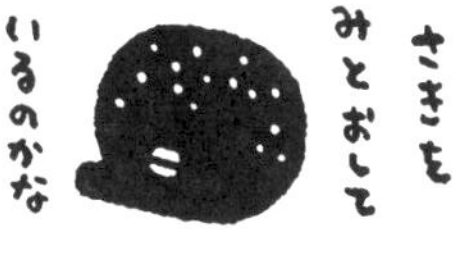
さきをみとおしているのかな

**円**《えん》高《だか》（ドル安《やす》）は、アメリカに旅行《りょこう》に行《い》く人《ひと》にとっては、ありがたいことです。少《すこ》しのお金《かね》で、ドルをたくさん手《て》に入《い》れられるからです。同《おな》じように円高《えんだか》で助《たす》かるのが、海外《かいがい》から商品《しょうひん》を輸入《ゆにゅう》して、日本国内《にほんこくない》で売《う》る企業《きぎょう》です。円高《えんだか》だと、海外《かいがい》の商品《しょうひん》を安《やす》く仕入《しい》れることができます。

**逆《ぎゃく》に円高《えんだか》で困《こま》るのが、日本《にっぽん》で作《つく》ったモノをアメリカなどに輸《ゆ》出《しゅつ》してお金《かね》を稼《かせ》ぐ企業《きぎょう》です。**たとえば、日本《にっぽん》の自動車《じどうしゃ》メーカーが、アメリカで、1台《だい》1万《まん》ドルで車《くるま》を販売《はんばい》したとします。この時《とき》、1ドル＝200円《えん》なら、車《くるま》1台《だい》の売《う》り上《あ》げは200万円《まんえん》になります。でも、1ドル＝150円《えん》の円高《えんだか》になると、同《おな》じ車《くるま》が1台《だい》売《う》れても、売《う》り上《あ》げは150万円《まんえん》に減《へ》るのです。日本《にっぽん》は輸《ゆ》出《しゅつ》で稼《かせ》いでいる企業《きぎょう》が多《おお》い国《くに》です。だから、**円高《えんだか》になると日本《にほん》経済《けいざい》にとって悪《わる》い影響《えいきょう》のほうが大《おお》きくなりやすい**のです。

そこで、日本《にっぽん》の政府《せいふ》は、円高《えんだか》がひどくなると、円《えん》の値段《ねだん》を安《やす》くしようと動《うご》くことがあります。政府《せいふ》が持《も》っている円《えん》を売《う》って、ドルを買《か》ったりするのです。円《えん》やドルなどを売買《ばいばい》するところを**外国為替市場**《がいこくかわせしじょう》といいます。**政府《せいふ》が外国為替市場《がいこくかわせしじょう》で動《うご》いて、通貨《つうか》の値段《ねだん》を変《か》えようとすることを為替介入《かわせかいにゅう》といいます。**

語 **為替介入**《かわせかいにゅう》

円《えん》が高《たか》くなると、日本《にっぽん》に来《く》る外国人観光客《がいこくじんかんこうきゃく》の人《ひと》たちも、使《つか》えるお金《かね》が減《へ》っちゃうんだよね。

# 暗《あん》号《ごう》資《し》産《さん》ってどんなもの？

ビットコインからはじまった

## 暗《あん》号《ごう》資《し》産《さん》は みんなで 管《かん》理《り》する 国《こっ》境《きょう》のない お金《かね》。

# ただのデータもお金になる

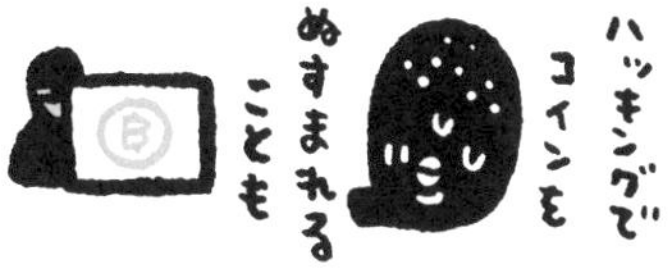
ハッキングでコインを
ぬすまれることも

2000年代《ねんだい》になってから、ビットコインなど、**政府以外《せいふいがい》が作《つく》ったデータだけの新《あたら》しいお金《かね》**も生《う》まれました。これらは**暗号資産（仮想通貨）**とよばれます。

暗号資産《あんごうしさん》は**「もっと便利《べんり》なお金《かね》がほしい」**という人《ひと》が増《ふ》えて使《つか》われるようになりました。たとえば、今《いま》は誰《だれ》でも、インターネットで外国《がいこく》の人《ひと》とお金《かね》のやり取《と》りができます。でも、円《えん》やドルなど、使《つか》うお金《かね》が国《くに》によって違《ちが》うので、ネット上《じょう》でお金《かね》を送《おく》る時《とき》も、途中《とちゅう》で両替《りょうがえ》しないといけません。その面倒《めんどう》くささをなくす、**国境《こっきょう》のないお金《かね》が暗号資産《あんごうしさん》です。**

とはいえ、暗号資産《あんごうしさん》はデータだけのお金《かね》で、政府《せいふ》が価値《かち》を保《ほ》証《しょう》しているものではありません。それでも安心《あんしん》して使《つか》える仕組《しく》みが**ブロックチェーン**という技術《ぎじゅつ》です。かいつまんで説明《せつめい》すると、これは**その暗号資産《あんごうしさん》を使《つか》っているみんなが、すべての取引《とりひき》のデータをチェックできる**という仕組《しく》み。世界中《せかいじゅう》の人《ひと》がデータを見《み》られるので、だれかがデータをいじってズルしたら、すぐわかるのです。23ページで説明《せつめい》したように、お金《かね》は共同幻想《きょうどうげんそう》です。だから、**価値《かち》がある、信用《しんよう》できるとみんなが考《かんが》えるなら、データでもお金《かね》になる**のです。

語 **暗号資産《あんごうしさん》**
人 **サトシ・ナカモト**

ビットコインは2008年《ねん》に、サトシ・ナカモトと名乗《なの》る人《ひと》が開発《かいはつ》したとされているけど、未《いま》だに正体《しょうたい》が不明《ふめい》らしいよ。

まさか あの人《ひと》…?
ナカモトさん ナカモトサトシさん〜
そもそも本当《ほんとう》の名前《なまえ》かはわからないし
いや でも もしかして…ねー

第《だい》3章《しょう》

# 世《よ》の中《なか》の動《うご》きがわかる経済《けいざい》学《がく》

# 資本主義《しほんしゅぎ》って何《なに》？

かせぐひとはたかくのぼっていく

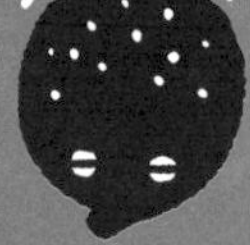

**自由《じゆう》にお金《かね》儲《もう》けをすればOK《オーケー》と考《かんが》えるのが資本主義《しほんしゅぎ》。**

# 競争《きょうそう》が生《う》まれたほうがいい？

きそいあう
おかげで
べんりな
よのなかに

何《なに》かを作《つく》る時《とき》に必要《ひつよう》なお金《かね》や建物《たてもの》、機械《きかい》といった設備《せつび》などを資本《しほん》といいます。**個人《こじん》が資本《しほん》を所有《しょゆう》して、自由《じゆう》にお金《かね》儲《もう》けをしたほうがいいという考《かんが》え方《かた》**を資本主義《しほんしゅぎ》といいます。

資本主義《しほんしゅぎ》の根《ね》っこには、**みんなが「自分《じぶん》がトクしたい」と考《かんが》えて行動《こうどう》すれば、社会《しゃかい》がかってに豊《ゆた》かになるという理屈《りくつ》**があります。たとえば、タコさんが100円《えん》、イカさんが90円《えん》でリンゴを売《う》っていたら、みんなイカさんからリンゴを買《か》います。それを見《み》たタコさんは、1個《こ》80円《えん》に値下《ねさ》げしようかなと考《かんが》えたりします。この時《とき》、タコさんは「自分《じぶん》のリンゴを売《う》りたい」と、自分《じぶん》がトクする方法《ほうほう》を考《かんが》えただけです。でも結果《けっか》として、リンゴがほしい人《ひと》は安《やす》くリンゴが手《て》に入《はい》ります。

こんなふうに、**みんなが自分《じぶん》のトクを考《かんが》えて行動《こうどう》すると競争《きょうそう》が生《う》まれ、モノの値段《ねだん》が下《さ》がったりして、多《おお》くの人《ひと》が幸《しあわ》せになれる**という考《かんが》えです。

こんなふうにモノの値段《ねだん》が決《き》まることを、「近代経済学《きんだいけいざいがく》の父《ちち》」ともよばれるアダム・スミスは、**「見《み》えざる手《て》に導《みちび》かれる」**と表《ひょう》現《げん》しました。みんなが自由《じゆう》に競争《きょうそう》すると、資源《しげん》がかってに最適《さいてき》配分《はいぶん》されるということです。

語 **資本主義《しほんしゅぎ》**　人 **アダム・スミス**

「神《かみ》の見《み》えざる手《て》」といわれることもあるけど、アダム・スミスは別《べつ》に「神《かみ》」という言《こと》葉《ば》は使《つか》ってないみたい。

# 社会主義《しゃかいしゅぎ》って何《なに》？

きそいあうと、
かちまけが
うまれる

儲《もう》けたお金《かね》は
みんなで
平等《びょうどう》に
使《つか》おうと
考《かんが》えるのが社会主義《しゃかいしゅぎ》。

# 貧《ひん》富《ぷ》の差《さ》はどう生《う》まれる？

みんなのしあわせのためには…

個《こ》**人《じん》が資本《しほん》を持《も》つことを禁止《きんし》して、どんなものを、どのくらい作《つく》り、いくらで売《う》るかなどは、政府《せいふ》がすべて決《き》めたほうがいい**という考《かんが》え方《かた》を**社会主義《しゃかいしゅぎ》**といいます。これは、マルクスという人《ひと》が考《かんが》えました。

マルクスは、**資本主義《しほんしゅぎ》の社会《しゃかい》では資本《しほん》を持《も》っているか、持《も》っていないかで、貧富《ひんぷ》の差《さ》が生《う》まれやすい**と分析《ぶんせき》しました。たとえば、リンゴの木《き》（資本《しほん》）を持《も》っているタコさんと、持《も》っていないエビさんがいます。エビさんは売《う》れるものがないので、リンゴを収穫《しゅうかく》する仕事《しごと》（労働《ろうどう》）をして、タコさんから給料《きゅうりょう》をもらいます。するとタコさんは、できるだけ自分《じぶん》の儲《もう》けを増《ふ》やしたいので、エビさんを安《やす》い給料《きゅうりょう》でたくさん働《はたら》かせようとします。こうして貧富《ひんぷ》の差《さ》が生《う》まれます。

マルクスは、**貧富《ひんぷ》の差《さ》が大《おお》きくなりすぎると、労働者《ろうどうしゃ》（エビさんたち）が革命《かくめい》を起《お》こし、資本主義《しほんしゅぎ》の社会《しゃかい》が崩壊《ほうかい》して、社会《しゃかい》主義《しゅぎ》の社会《しゃかい》に変《か》わる**と考《かんが》えました。資本《しほん》を政府《せいふ》がすべて管理《かんり》する、貧富《ひんぷ》の差《さ》がない社会《しゃかい》です。やがて社会主義《しゃかいしゅぎ》のあと、政府《せいふ》すらいらなくなる**共産主義《きょうさんしゅぎ》**社会《しゃかい》がやってくると考《かんが》えました。

語 **社会主義《しゃかいしゅぎ》**

人 **カール・マルクス**
**フリードリヒ・エンゲルス**

マルクスの書《か》いた『資本論《しほんろん》』という本《ほん》は3巻《かん》まであるけれど、途中《とちゅう》で亡《な》くなって2巻《かん》、3巻《かん》は友人《ゆうじん》のフリードリヒ・エンゲルスが書《か》いているよ。

# 市《し》場《じょう》の失敗《しっぱい》って何《なに》？

ずるがしこく
トクしたい
ひとも
いる

自由《じゆう》に
お金儲《かねもう》けを
させすぎると
社会《しゃかい》にとって
悪《わる》いことが
起《お》きる。

# 自由《じゆう》な競争《きょうそう》でうまくいかないことも

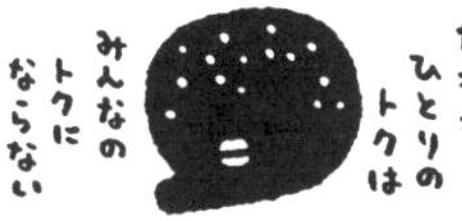
だれかひとりのトクはみんなのトクにならない

資《し》本主義《ほんしゅぎ》では、みんなが自由《じゆう》にお金儲《かねもう》けをすれば、経済《けいざい》はうまくいくと考《かんが》えます。ただ実際《じっさい》の社会《しゃかい》では、**自由《じゆう》にお金儲《かねもう》けをさせすぎると悪《わる》いことが起《お》こる**こともあります。これを**市場《しじょう》の失敗《しっぱい》**といいます。

たとえば、タコさんが、他《ほか》の人《ひと》の持《も》っていたリンゴの木《き》をすべて買《か》い取《と》ると、リンゴを供給《きょうきゅう》できるのがタコさんだけになります。すると、競争相手《きょうそうあいて》のいないタコさんは、リンゴの値段《ねだん》をすごく高《たか》くするかもしれません。このように、**供給《きょうきゅう》できる人《ひと》がひとり（1社《しゃ》）しかいない状態《じょうたい》**を**独占《どくせん》**といい、これは市場《しじょう》の失敗《しっぱい》のひとつです。

また、企業《きぎょう》が商品《しょうひん》を作《つく》る時《とき》に発生《はっせい》する毒物《どくぶつ》を川《かわ》にたれ流《なが》したり、排気《はいき》ガスをまき散《ち》らしたりすると、自然環境《しぜんかんきょう》が破壊《はかい》されたり、周《まわ》りに住《す》む人《ひと》たちの健康《けんこう》を害《がい》したりします。このように、市場《しじょう》の外《そと》で悪《わる》い影響《えいきょう》が出《で》ることを（負《ふ》の）**外部性《がいぶせい》**といい、これも市場《しじょう》の失敗《しっぱい》です。

このようなことを防《ふせ》ぐため、多《おお》くの国《くに》では経済活動《けいざいかつどう》の一部《いちぶ》を法律《ほうりつ》などで制限《せいげん》しています。日本《にっぽん》にも、独占禁止法《どくせんきんしほう》や環境基本《かんきょうきほん》法《ほう》という法律《ほうりつ》があります。

語 **独占《どくせん》／外部性《がいぶせい》**

独占《どくせん》ではないけれど、少数《しょうすう》の供給者《きょうきゅうしゃ》しかいない状態《じょうたい》は寡占《かせん》とよばれるみたい。

# 財政《ざいせい》って何《なに》？

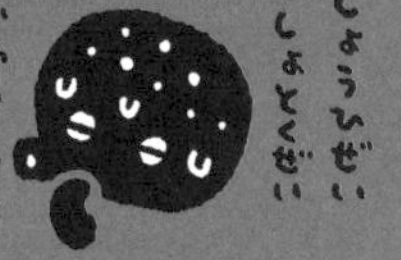


みんなの役《やく》に立《た》つことのためにやる

政府《せいふ》の経済活動《けいざいかつどう》が財政《ざいせい》。

# 財政《ざいせい》には3つの役割《やくわり》がある

いろんなしゅるいのぜいきんがあるよ

経《けい》済《ざい》を動《うご》かしている主体《しゅたい》（登場人物《とうじょうじんぶつ》）は、家計《かけい》（個人《こじん》）、企《き》業《ぎょう》、政府《せいふ》の3つに分《わ》けられます。そのうち、政府《せいふ》の経済《けいざい》活動《かつどう》のことを**財政《ざいせい》**とよびます。財政《ざいせい》には3つの役割《やくわり》があります。ここではそのうちのふたつ、**資源《しげん》の配分《はいぶん》**と**所得《しょとく》の再分配《さいぶんぱい》**について説明《せつめい》します。

資源《しげん》の配分《はいぶん》は、**教育《きょういく》や警察《けいさつ》、消防《しょうぼう》、国防《こくぼう》、道路《どうろ》の整備《せいび》など、ないとみんなが困《こま》るもの（社会資本《しゃかいしほん》）を世《よ》の中《なか》に提供《ていきょう》すること**です。これらはたくさんのお金《かね》が必要《ひつよう》なうえ、儲《もう》かったりはしないので、家計《かけい》や企業《きぎょう》はやりたがりません。そこで、政府《せいふ》がこれに必要《ひつよう》なお金《かね》を、税金《ぜいきん》というかたちでみんなから少《すこ》しずつ集《あつ》めて、世《よ》の中《なか》に提供《ていきょう》します。

所得《しょとく》の再分配《さいぶんぱい》は、**みんなの貧富《ひんぷ》の差《さ》が広《ひろ》がりすぎないように調整《ちょうせい》すること**です。所得《しょとく》とは儲《もう》け、稼《かせ》ぎのことです。たとえば所得税《しょとくぜい》は、お金《かね》をたくさん稼《かせ》いだ人《ひと》ほど、たくさん税金《ぜいきん》を納《おさ》めなければならない**累進課税《るいしんかぜい》**という仕組《しく》みです。こうした仕組《しく》みはワーグナーなどが考《かんが》えました。その一方《いっぽう》で、仕事《しごと》を失《うしな》った人《ひと》や、障《しょう》がいなどで働《はたら》けない人《ひと》などにはお金《かね》を渡《わた》したりして、みんなにお金《かね》を配《くば》りなおすのです。

語 **所得《しょとく》の再分配《さいぶんぱい》**
人 **アドルフ・ワーグナー**

年収《ねんしゅう》が3000万円《まんえん》ある人《ひと》だと、所得税《しょとくぜい》として約《やく》746万円《まんえん》も支払《しはら》うんだって！
※2023年時点《ねんじてん》 ※夫婦子《ふうふこ》ふたり（子《こ》のうち、ひとりが特定扶養親族《とくていふようしんぞく》、もうひとりが一般扶養親族《いっぱんふようしんぞく》）の時《とき》 ※復興特別所得税《ふっこうとくべつしょとくぜい》を含《ふく》む

# 景気《けいき》が悪《わる》いと政府《せいふ》は何《なに》する？

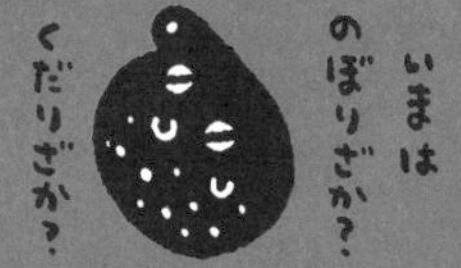


**政府《せいふ》は不景気《ふけいき》の時《とき》お金《かね》をばらまいて働《はたら》き口《ぐち》を増《ふ》やす。**

# 景気《けいき》の波《なみ》をゆるやかに

けいきにスリルとかいらない

政《せい》府《ふ》が行《おこな》う経済活動《けいざいかつどう》（財政《ざいせい》）の3つ目《め》の役割《やくわり》が、景気《けいき》の調整《ちょうせい》です。資本主義《しほんしゅぎ》の社会《しゃかい》では、好景気《こうけいき》と不景気《ふけいき》が順番《じゅんばん》にやってきます（19ページ）。この時《とき》、不景気《ふけいき》がひどかったり、長《なが》くなりすぎたりすると、みんなが苦《くる》しくなります。そこで、政府《せいふ》がいろいろな対策《たいさく》をして、景気《けいき》の波《なみ》をゆるやかにしようとするのです。

その時《とき》、政府《せいふ》が行《おこな》うことのひとつが財政政策《ざいせいせいさく》です。これは、**政府《せいふ》のサイフから出《だ》し入《い》れするお金《かね》の量《りょう》を変《か》える**こと。たとえば、景気《けいき》が悪《わる》くて失業者《しつぎょうしゃ》が多《おお》い時《とき》、政府《せいふ》は公共事業《こうきょうじぎょう》を増《ふ》やします。公共事業《こうきょうじぎょう》とは、新《あたら》しい道路《どうろ》を作《つく》ったり、橋《はし》をかけたりすることで、これで**世《よ》の中《なか》に新《あたら》しい仕事《しごと》を作《つく》り、働《はたら》く人《ひと》を増《ふ》やします。**このような公共事業《こうきょうじぎょう》が大事《だいじ》だと言《い》ったのが、ケインズという経済学者《けいざいがくしゃ》です。

また、**不景気《ふけいき》の時《とき》には税金《ぜいきん》を減《へ》らしたりもします。**税金《ぜいきん》が減《へ》ると、みんなの手元《てもと》に残《のこ》るお金《かね》が増《ふ》えるので、いろいろなモノを買《か》いやすくなり、経済《けいざい》が活性化《かっせいか》するからです。

こんなふうに、不景気《ふけいき》の時《とき》には政府《せいふ》のサイフから出《で》ていくお金《かね》を増《ふ》やし、入《はい》るお金《かね》を減《へ》らしたりするのが財政政策《ざいせいせいさく》です。

語 **財政政策《ざいせいせいさく》**

人 **ジョン・メイナード・ケインズ**

ケインズはギャンブル好《ず》きで、外国《がいこく》のカジノで手持《ても》ちのお金《かね》を全額失《ぜんがくうしな》って帰《かえ》れなくなり、知《し》り合《あ》いからお金《かね》を借《か》りたこともあるんだって。

# 金融政策《きんゆうせいさく》って何《なに》？

**金利《きんり》を上《あ》げたり下《さ》げたりすれば、景気《けいき》の波《なみ》を緩《ゆる》やかにできる。**

# 不《ふ》景《けい》気《き》の時《とき》は金《きん》利《り》を下《さ》げる

サイフのヒモを
しめたり
ゆるめたり

世《よ》の中《なか》の景気《けいき》が悪《わる》い時《とき》、財政政策《ざいせいせいさく》といっしょにやるのが金《きん》融政策《ゆうせいさく》です。これもケインズが考《かんが》えました。金融政策《きんゆうせいさく》を行《おこな》うのは中央銀行《ちゅうおうぎんこう》で、**景気《けいき》が悪《わる》い時《とき》、中央銀行《ちゅうおうぎんこう》は世《よ》の中《なか》の銀行《ぎんこう》の金利《きんり》を下《さ》げて、景気《けいき》をよくしようとします。**

なぜ、金利《きんり》を下《さ》げると景気《けいき》がよくなるのでしょうか。たとえば、タコさんが銀行《ぎんこう》からお金《かね》を借《か》りて、新《あたら》しい商品《しょうひん》を作《つく》りたいと考《かんが》えているとします。でも銀行《ぎんこう》の金利《きんり》が高《たか》いと、借《か》りたお金《かね》に利子《りし》をたくさんつけて返《かえ》さないといけないので、「やっぱり、お金《かね》を借《か》りるのはやめよう」と考《かんが》え、新《あたら》しい商品作《しょうひんづく》りをあきらめてしまいます。

一方《いっぽう》、**銀行《ぎんこう》の金利《きんり》が低《ひく》いと、みんながお金《かね》を借《か》りて新《あたら》しいビジネスをしやすくなり、それによって新《あたら》しい仕事《しごと》、魅力的《みりょくてき》な商《しょう》品《ひん》が増《ふ》えたりして、景気《けいき》がよくなる**と考《かんが》えられるのです。

中央銀行《ちゅうおうぎんこう》は景気《けいき》をチェックしながら、世《よ》の中《なか》の金利《きんり》をどのくらいにするかという目標《もくひょう》（政策金利《せいさくきんり》）を決《き》めます。そして、**銀行《ぎんこう》同士《どうし》がお金《かね》をやり取《と》りする市場《しじょう》（コール市場《しじょう》）の中《なか》のお金《かね》の量《りょう》を増《ふ》やしたり減《へ》らしたりして、金利《きんり》を下《さ》げたり、上《あ》げたりします。**これを公開市場操作《こうかいしじょうそうさ》といいます。

語 **公開市場操作《こうかいしじょうそうさ》**

人 **ジョン・メイナード・ケインズ**

昔《むかし》は公定歩合《こうていぶあい》といって、日本銀行《にっぽんぎんこう》が金利《きんり》を決《き》められたんだけど、今《いま》はそれぞれの銀行《ぎんこう》が自由《じゆう》に金利《きんり》を決《き》められるようになったんだって。

# バブル経済《けいざい》って何《なに》?

**値《ね》段《だん》だけが泡《あわ》のように膨《ふく》らんでいくのがバブル経《けい》済《ざい》。**

# 土地《とち》の値段《ねだん》がグングン上昇《じょうしょう》

けいきが
よすぎても
よくないのか

政《せい》府《ふ》は、好景気《こうけいき》にもなりすぎないようにします。行《い》き過《す》ぎた好景気《こうけいき》は、**バブル経済《けいざい》**になることがあるからです。

バブル経済《けいざい》とは、**泡《あわ》（バブル）のように、中身《なかみ》がともなわないまま、モノの値段《ねだん》が高《たか》くなる状態《じょうたい》**です。日本《にっぽん》は1980年代末《ねんだいすえ》にバブル経済《けいざい》になりました。この時《とき》は、日本銀行《にっぽんぎんこう》が金利《きんり》を大《おお》きく下《さ》げたことが原因《げんいん》です。**銀行《ぎんこう》から低金利《ていきんり》でお金《かね》を借《か》りた企業《きぎょう》が、どんどん土地《とち》を買《か》い始《はじ》めた**のです。企業《きぎょう》はこの土地《とち》で何《なに》かするわけではなく、もっと値上《ねあ》がりした時《とき》に売《う》るために買《か》いました。需要《じゅよう》が多《おお》くなった土地《とち》の値段《ねだん》はドンドン上《あ》がります。これが続《つづ》いて、ふつうの人《ひと》が土地《とち》を買《か》えず、マイホームを建《た》てられない状況《じょうきょう》になったのです。

その後《ご》、これはマズイと**日本銀行《にっぽんぎんこう》が金利《きんり》を引《ひ》き上《あ》げたら、今《こん》度《ど》は土地《とち》の値段《ねだん》が急降下《きゅうこうか》。**企業《きぎょう》は銀行《ぎんこう》から借金《しゃっきん》して土地《とち》を買《か》っていましたが、持《も》っていた土地《とち》を売《う》っても借金《しゃっきん》が返《かえ》せなくなり、倒産《とうさん》します。

すると、その企業《きぎょう》にお金《かね》を貸《か》していた銀行《ぎんこう》も倒産《とうさん》。こうなると「あの会社《かいしゃ》も倒産《とうさん》するんじゃないか」と人々《ひとびと》が不安《ふあん》になり、日《にっ》本全体《ぽんぜんたい》の景気《けいき》が一気《いっき》に悪《わる》くなってしまったのです。

**語 バブル経済《けいざい》**

オランダではチューリップ・バブルといって、チューリップの球根《きゅうこん》がすごく高《たか》くなったこともあるんだって。

# GDP《ジーディーピー》って何《なに》？

みんなのしごとのせいか

その国《くに》の人《ひと》全員《ぜんいん》が生《う》み出《だ》した価値《かち》をすべて足《た》したのがGDP《ジーディーピー》。

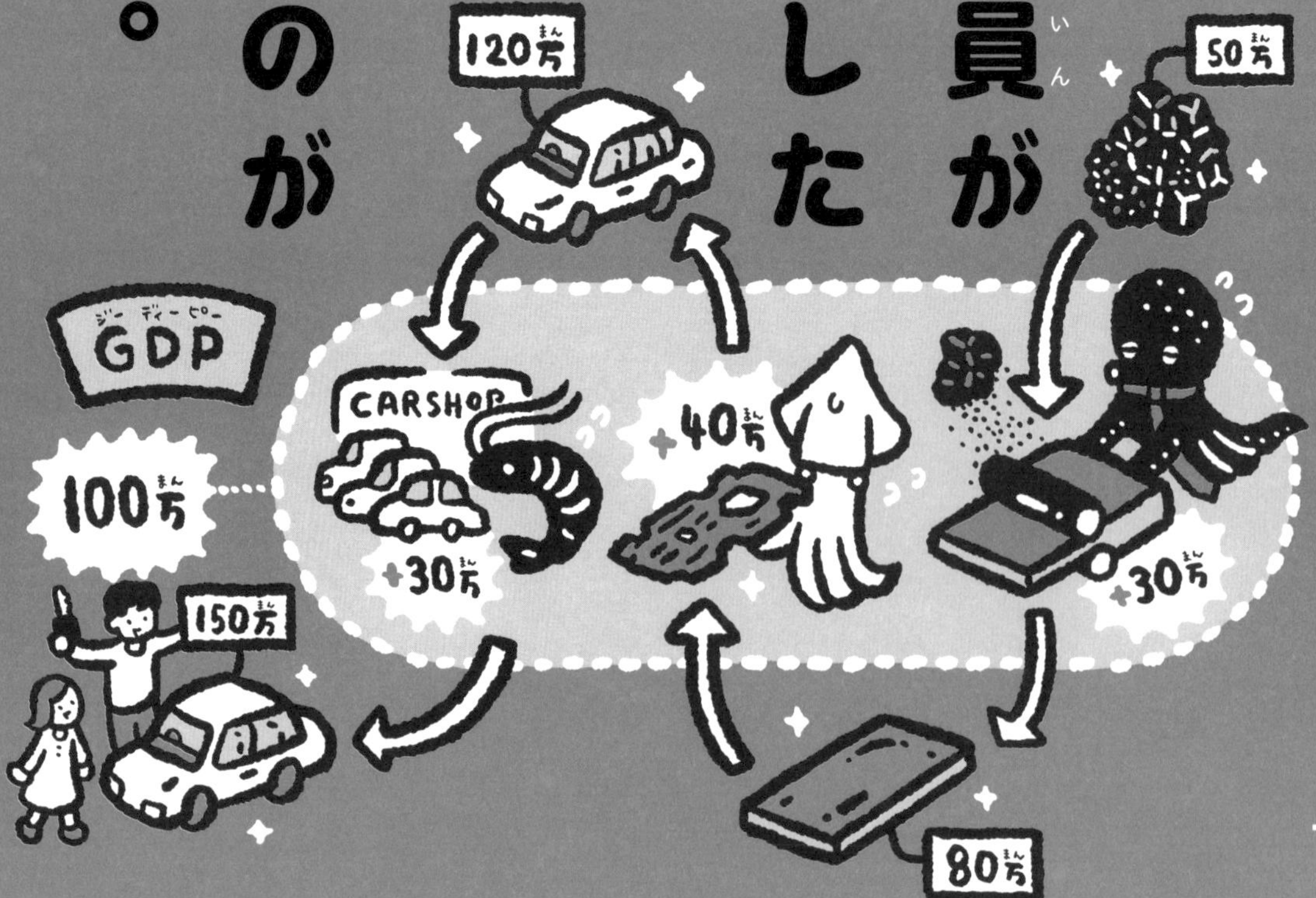
120万《まん》
50万《まん》
GDP《ジーディーピー》
CARSHOP
100万《まん》
+40万《まん》
+30万《まん》
+30万《まん》
150万《まん》
80万《まん》

# 経済《けいざい》の成長《せいちょう》はGDP《ジーディーピー》の成長《せいちょう》

にほんのGDPは
せかいでなんい?

国《くに》全体《ぜんたい》の経済《けいざい》の調子《ちょうし》がいいのか、それとも悪《わる》いのかを判断《はんだん》する材料《ざいりょう》はいろいろあります。なかでも大事《だいじ》だとされているのが**GDP《ジーディーピー》（国内総生産《こくないそうせいさん》）**です。GDP《ジーディーピー》は、**決《き》まった期間《きかん》（3か月《げつ》とか1年《ねん》とか）で生《う》み出《だ》されたモノ・サービスの付加価値《ふかかち》をぜんぶ足《た》して計算《けいさん》します。**これはクズネッツの考《かんが》えがベースになってできました。

たとえば、タコさんが鉄鉱石《てっこうせき》を50万円《まんえん》で仕入《しい》れ、加工《かこう》した鉄《てつ》をイカさんに80万円《まんえん》で売《う》ります。イカさんがその鉄《てつ》で自動車《じどうしゃ》を作《つく》り、120万円《まんえん》でエビさんに売《う》ります。そしてエビさんの販売店《はんばいてん》は150万円《まんえん》でみんなに売《う》りました。

この時《とき》、**加工《かこう》したり、製造《せいぞう》したり、サービス（販売《はんばい》）したことで足《た》されていったものが付加価値《ふかかち》**です。この例《れい》だと、付加価値《ふかかち》の合計《ごうけい》は「30万円《まんえん》（タコさんの作《つく》った付加価値《ふかかち》）＋40万円《まんえん》（イカさんの作《つく》った付加価値《ふかかち》）＋30万円《まんえん》（エビさんの作《つく》った付加価値《ふかかち》）＝100万円《まんえん》」。これを日本国内《にほんこくない》のすべての仕事《しごと》で足《た》したものが、日本《にっぽん》のGDP《ジーディーピー》になります。

前《まえ》よりGDP《ジーディーピー》が増《ふ》えていたら、その国《くに》の経済《けいざい》は成長《せいちょう》していることになります。この伸《の》び率《りつ》を**経済成長率《けいざいせいちょうりつ》**といいます。

語 **GDP《ジーディーピー》**　人 **サイモン・クズネッツ**

もし君《きみ》が道《みち》ばたの石《いし》ころをタダで拾《ひろ》って色《いろ》を塗《ぬ》り、それが10円《えん》で売《う》れたら「石《いし》ころに10円《えん》の付加価値《ふかかち》をつけた」ってことになるよ。

# 株式《かぶしき》って何《なに》？

(株)
かぶしきがいしゃは
かぶしきをはっこうできるかいしゃってこと

「この人《ひと》にお金《かね》を出《だ》してもらいました」と証明《しょうめい》するのが株式《かぶしき》。

配当金《はいとうきん》
TACo.,Ltd
株《かぶ》

# お金《かね》を出《だ》して会社《かいしゃ》を応援《おうえん》！

語 **株式《かぶしき》**

会《かい》社《しゃ》が活動《かつどう》するにはお金《かね》が必要《ひつよう》です。この時《とき》、会社《かいしゃ》はそのための資金《しきん》を銀行《ぎんこう》から借《か》りることもできます。でも、**「この会社《かいしゃ》は成功《せいこう》しそうだ」と考《かんが》えている人《ひと》から、直接《ちょくせつ》お金《かね》を出《だ》してもらう**こともできます。そこで**「この人《ひと》にお金《かね》を出《だ》してもらいました」と証明《しょうめい》するもの**が**株式《かぶしき》**です。株式《かぶしき》を持《も》つ人《ひと》を株主《かぶぬし》といいます。

株主《かぶぬし》は、株式《かぶしき》を持《も》っている会社《かいしゃ》のビジネスが成功《せいこう》したら、利《り》益《えき》の一部《いちぶ》（**配当金《はいとうきん》**）をもらえます。また、株主優待《かぶぬしゆうたい》といって、株《かぶ》主《ぬし》にだけ特別《とくべつ》に自社《じしゃ》で作《つく》った商品《しょうひん》を贈《おく》ってくれるなどの特典《とくてん》が受《う》けられることもあります。

会社《かいしゃ》が成功《せいこう》していれば、株主《かぶぬし》はずっと配当金《はいとうきん》を受《う》け取《と》れます。そのかわり、会社《かいしゃ》のビジネスがうまくいかなかったら、配当金《はいとうきん》はゼロです。また、もしも会社《かいしゃ》が倒産《とうさん》してしまったら、株式《かぶしき》を買《か》ったお金《かね》も戻《もど》ってきません。

株式《かぶしき》は、他《ほか》の人《ひと》に売《う》ったり、他《ほか》の人《ひと》から買《か》ったりすることもできます。この時《とき》の、**売《う》り買《か》いされる株式《かぶしき》の値段《ねだん》**が**株価《かぶか》**です。調子《ちょうし》がいい会社《かいしゃ》の株価《かぶか》は高《たか》くなり、ダメそうな会社《かいしゃ》の株価《かぶか》は安《やす》くなります。

親《おや》など保護者《ほごしゃ》からのOK《オーケー》がもらえれば、子《こ》どもでも株式投資《かぶしきとうし》はできるみたい！

財政《ざいせい》コースター
財政《ざいせい》コースター アリマス
のってかない？
なにそれ
財《ざい》コー アリマス
のればわかるよ
全然《ぜんぜん》おもしろくなかった
いま財政《ざいせい》が安定《あんてい》してるから

# 第《だい》4章《しょう》

# 賢《かしこ》く生《い》きるための経《けい》済《ざい》学《がく》

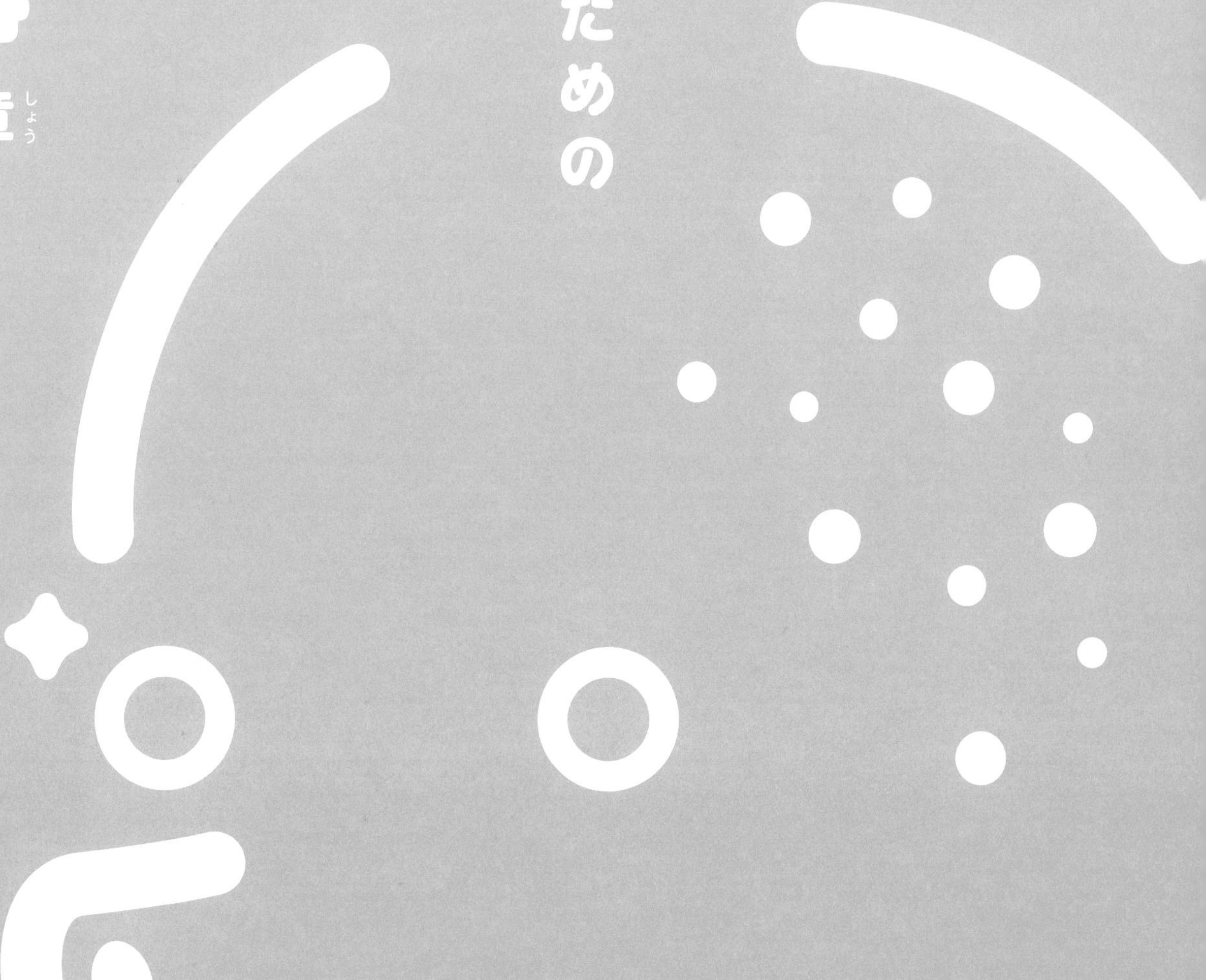

# 限界効用《げんかいこうよう》って何《なに》？

同《おな》じことを続《つづ》けていると楽《たの》しさはちょっとずつ減《へ》る。

# まだ遊ぶ？ オヤツにする？

経済学《ざいがく》ではいろいろなことを、専門《せんもん》の用語《ようご》や数字《すうじ》で表現《ひょうげん》しようとします。そのひとつとして、経済学《けいざいがく》では**あるものから得《え》られる満足感《まんぞくかん》**のことを**効用**といいます。

たとえば、仲《なか》のいい友《とも》だちと1時間遊《じかんあそ》んだ時《とき》の楽《たの》しさ（効用《こうよう》）が100だとします。ふつう、同《おな》じ友《とも》だちと同《おな》じ遊《あそ》びをさらに1時間続《じかんつづ》けた時《とき》に得《え》られる効用《こうよう》は、90とか80とかに減《へ》ります。さらに4時間《じかん》や5時間《じかん》もやっていたら、どんどん遊《あそ》びの効用《こうよう》は減《へ》っていくでしょう。

こんなふうに、**同《おな》じものでも量《りょう》や回数《かいすう》が増《ふ》えると得《え》られる効《こう》用《よう》が減《へ》っていく**ことを、経済学《けいざいがく》では**限界効用逓減の法則**といいます。限界《げんかい》は、経済学《けいざいがく》では「追加的《ついかてき》な」という意味《いみ》で使《つか》います。逓減《ていげん》は「ちょっとずつ減《へ》る」という意味《いみ》です。

**人々《ひとびと》は自分《じぶん》の効用《こうよう》が最大《さいだい》になるように行動《こうどう》します。**たとえば2時間友《じかんとも》だちと遊《あそ》んで、さらにあと1時間遊《じかんあそ》ぶかを決《き》める時《とき》、「もう1時間遊《じかんあそ》ぶ効用《こうよう》」と「友《とも》だちと別《わか》れて、オヤツを食《た》べる効《こう》用《よう》」を比《くら》べたりして、効用《こうよう》が大《おお》きいほうを選《えら》ぶのです。こうした限界効用《げんかいこうよう》について研究《けんきゅう》したのがヒックスなどで、いろいろな商品《しょうひん》・サービスの値段《ねだん》を決《き》める時《とき》に参考《さんこう》になります。

語 **限界効用逓減の法則《げんかいこうようていげんのほうそく》**

人 **ジョン・ヒックス**

モノやサービスを作《つく》る側《がわ》も「もう１個作《こつく》ったらどのくらいコストがかかって、どのくらい売《う》れるか」という限界効用《げんかいこうよう》を考《かんが》えて、作《つく》る量《りょう》を決《き》めるんだって。

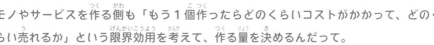

# 役割分担《やくわりぶんたん》が大事《だいじ》？

にがてなことはとくいなだれかにまかせよう

**自分《じぶん》が得意《とくい》なことに集中《しゅうちゅう》したほうがうまくいく。**

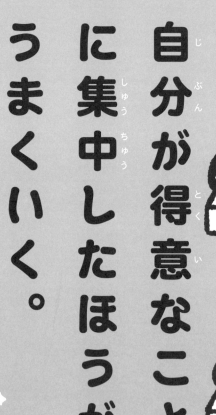

# 貿易をしたほうがいいワケ

わたしのとくいは
だれかのにがてかも

経《けい》済学《ざいがく》では効率的《こうりつてき》かどうかを大事《だいじ》にします。この時《とき》に大《たい》切《せつ》なのが分業《ぶんぎょう》です。たとえばタコさんがパンを作《つく》る時《とき》、小麦《こむぎ》を種《たね》から育《そだ》てるところから自分《じぶん》でやっていたら大変《たいへん》ですよね。そういう時《とき》は、たとえば植物《しょくぶつ》を育《そだ》てるのが得意《とくい》なクマさんが小麦《こむぎ》を育《そだ》てて、パンを作《つく》るのが得意《とくい》なタコさんはパン作《づく》りに集中《しゅうちゅう》したほうが、短《みじか》い時間《じかん》にたくさんのパンを作《つく》れます。これを社会的分業《しゃかいてきぶんぎょう》といいます。

では、もしもタコさんが、小麦作《こむぎづく》りもパン作《づく》りも、クマさんより得意《とくい》だったらどうでしょうか。この時《とき》もやっぱり、タコさんは**自分《じぶん》がとくに得意《とくい》なものだけに集中《しゅうちゅう》したほうがいい**のです。クマさんは、どちらかというとタコさんとの能力《のうりょく》の差《さ》が小《ちい》さいほうに集中《しゅうちゅう》したほうが、社会全体《しゃかいぜんたい》で作《つく》れるパンの量《りょう》が増《ふ》えます。

このようなことを国《くに》レベルで考《かんが》えて、自由貿易をしたほうがいいと提唱《ていしょう》したのがリカードで、この考《かんが》え方《かた》を比較優位説といいます。**自分《じぶん》の国《くに》ですべて作《つく》るんじゃなくて、それぞれの国《くに》で得意《とくい》なものを作《つく》り、貿易《ぼうえき》をして交換《こうかん》したほうが世界全体《せかいぜんたい》でたくさんのモノが作《つく》れる**ということです。

語 **比較優位説《ひかくゆういせつ》**
人 **デヴィッド・リカード**

第二次世界大戦《だいにじせかいたいせん》が起《お》きたのは、仲良《なかよ》しの国《くに》だけで貿易《ぼうえき》するブロック経済《けいざい》を各国《かっこく》が作《つく》ったことも原因《げんいん》のひとつとされているみたい。

# 合成《こうせい》の誤謬《ごびゅう》って何《なに》？

がんばってたくさんつくってうるぞー

個人《こじん》レベルで
正《ただ》しいことも
みんなで
やると
間違《まちが》いになる
ことがある。

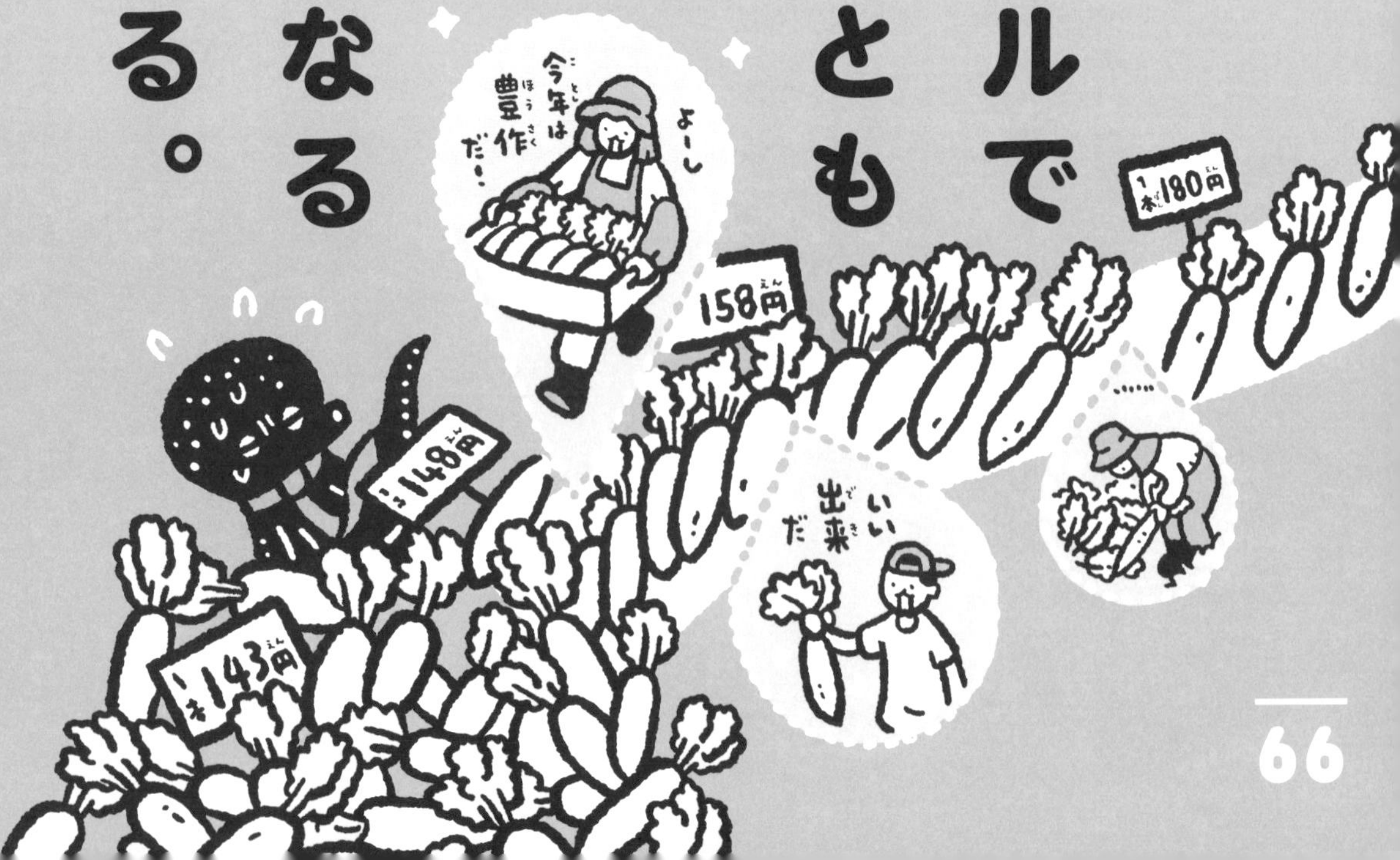
今年《ことし》は豊作《ほうさく》だ！
よーし
1本180円《えん》
158円《えん》
148円《えん》
143円《えん》
出来《でき》いいだ
……

# デフレはこうして進む

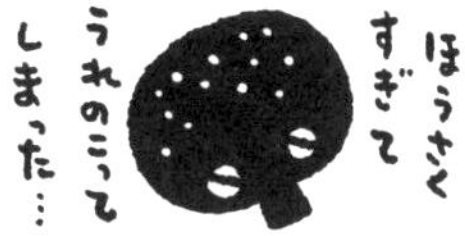
ほうさくすぎて
うれのこって
しまった…

資本主義《ほんしゅぎ》では、みんなが「自分《じぶん》がトクする」ように行動《こうどう》すれば社会《しゃかい》がうまくいくと考《かんが》えます。ただ、じつは、**個人《こじん》にとっては合理的《ごうりてき》な行動《こうどう》でも、みんなが同《おな》じことをすると、みんな（社会全体《しゃかいぜんたい》）が損《そん》をしてしまう**ことがあります。

これを経済学《けいざいがく》では合成の誤謬といいます。誤謬《ごびゅう》とは間違《まちが》いのことです。これはサミュエルソンという経済学者《けいざいがくしゃ》が考《かんが》えたといわれています。

たとえば、スタジアムでサッカーの試合《しあい》を見《み》ている時《とき》、みんなが座《すわ》っているのに、自分《じぶん》だけ立《た》ち上《あ》がれば、試合《しあい》がよく見《み》えてトクしますよね。でも、他《ほか》の人《ひと》も同《おな》じように考《かんが》えてみんなが立《た》ち上《あ》がると、みんな試合《しあい》が見《み》づらくなります。

経済《けいざい》でも、たとえば、**モノの値段《ねだん》が下《さ》がるデフレの時《とき》、同《おな》じような合成《ごうせい》の誤謬《ごびゅう》が起《お》こります。**みんなが「洗濯機《せんたくき》を今年《ことし》買《か》うより、来年《らいねん》まで待《ま》ったほうが安《やす》く買《か》えるんじゃないかな」と考《かんが》えると、洗濯機《せんたくき》が売《う》れなくなります。

そうすると、その洗濯機《せんたくき》を売《う》るために本当《ほんとう》に値下《ねさ》げしないといけなくなり、次《つぎ》の年《とし》もデフレが続《つづ》いて、経済《けいざい》がよくならず、みんなが損《そん》をしてしまうのです。

語 **合成《ごうせい》の誤謬《ごびゅう》**　人 **ポール・サミュエルソン**

経済学《けいざいがく》では個人《こじん》レベルのことをミクロ、社会全体《しゃかいぜんたい》のことをマクロといったりするんだって。

# 情報《じょうほう》の非対称性《ひたいしょうせい》って何《なに》？

おみせをしんらいしておかねをはらってるのに…

売《う》り手《て》と買《か》い手《て》の
情報《じょうほう》が同《おな》じ
じゃないと
経済《けいざい》は
うまく
いかない。

弥生《やよい》時代《じだい》の本物《ほんもの》ですよ
買《か》います
こりゃニセモンだな…

# 持っている情報《じょうほう》は同《おな》じ？

**ア** ダム・スミスは、モノを売《う》りたい人《ひと》と買《か》いたい人《ひと》が自由《じゆう》に取《と》り引《ひ》きすれば、経済《けいざい》はうまくいくと考《かんが》えました。しかし、**売《う》り手《て》と買《か》い手《て》が持《も》つ情報量《じょうほうりょう》が違《ちが》う**時《とき》はそうなりません。これを経済学《けいざいがく》では**情報《じょうほう》の非対称性《ひたいしょうせい》**があるといいます。対称《たいしょう》とは、ふたつのものが釣《つ》り合《あ》っているという意味《いみ》です。

たとえば、中古《ちゅうこ》の自動車《じどうしゃ》を買《か》う時《とき》。買《か》い手《て》は、目《め》の前《まえ》の中古《ちゅうこ》車《しゃ》の性能《せいのう》がいいか悪《わる》いか、わかりません。売《う》り手《て》は自動車《じどうしゃ》の性《せい》能《のう》がわかっていますが、もしかしたら、見《み》た目《め》だけキレイにして、中身《なかみ》はボロボロな車《くるま》を「新品同様《しんぴんどうよう》ですよ」と言《い》って売《う》っているかもしれません。こうなると、**買《か》い手《て》はどれがいい中古車《ちゅうこしゃ》で、どれが悪《わる》い中古車《ちゅうこしゃ》なのかわからず、どの中古車《ちゅうこしゃ》もそこその値《ね》段《だん》で買《か》いたいと考《かんが》えるようになります。**

そうなると、売《う》り手《て》は「どうせ値段《ねだん》がたいして変《か》わらないなら、ボロボロの中古車《ちゅうこしゃ》を売《う》って、儲《もう》けを大《おお》きくしよう」と考《かんが》え、中古車市場《ちゅうこしゃしじょう》は質《しつ》の悪《わる》いものばかりになります。こんなふうに、**情報《じょうほう》の非対称性《ひたいしょうせい》のせいで、取引《とりひき》が非効率的《ひこうりつてき》になる**ことを**逆選択《ぎゃくせんたく》**といいます。これは、ノーベル経済学賞《けいざいがくしょう》を受賞《じゅしょう》したアカロフが論文《ろんぶん》にまとめました。

語 **情報《じょうほう》の非対称性《ひたいしょうせい》**

人 **ジョージ・アカロフ**

アメリカでは質《しつ》の悪《わる》い車《くるま》のことをレモンとよぶんだって。レモンは皮《かわ》が厚《あつ》くて、中身《なかみ》の酸《す》っぱさがわからないからだ。

# なぜこっちを選《えら》んじゃう？

うれしさは♪
すぐきえるのに

「トクしたい」よりも「損《そん》したくない」と考《かんが》えがち。

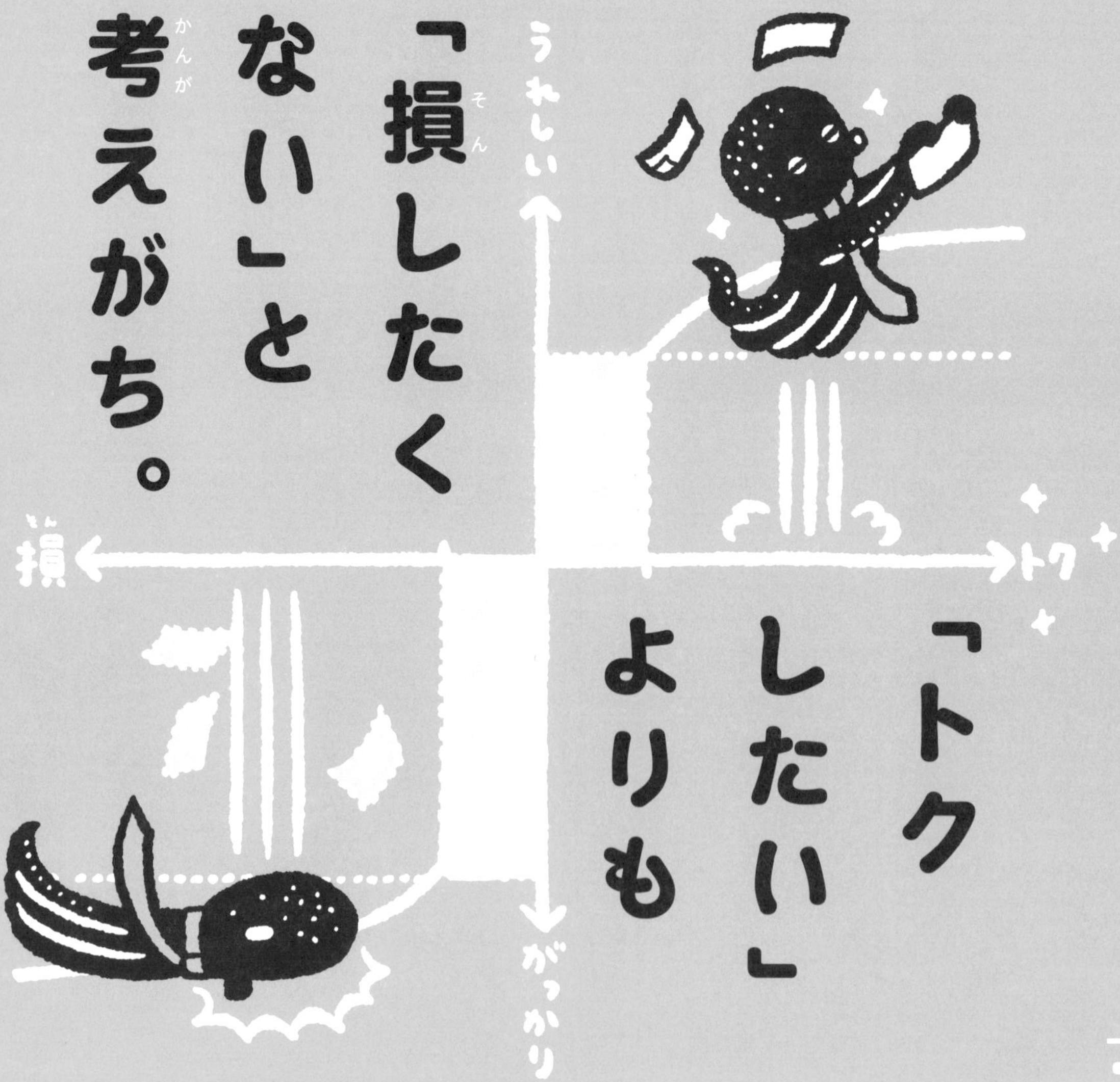
うれしい
がっかり
損
トク

# 損だけはしたくない!

実際《さい》の社会《しゃかい》では、みんなが非合理的《ひごうりてき》なことをよくします。

こうした**人間《にんげん》の非合理的《ひごうりてき》な経済活動《けいざいかつどう》を研究《けんきゅう》するのが行動《こうどう》経済学《けいざいがく》**で、その代表的《だいひょうてき》なものにプロスペクト理論《りろん》があります。

この理論《りろん》は、カーネマンとトベルスキーが考《かんが》えました。

これを簡単《かんたん》に説明《せつめい》すると、**人《ひと》は「トクしたい」という気持《きも》ちより、「損《そん》したくない」という気持《き》ちのほうが強《つよ》い**ということです。理論上《りろんじょう》、100円拾《えんひろ》ったうれしさが1なら、100円落《えんお》とした悲《かな》しさは2・25に感《かん》じるとされます。

たとえば、コインを投《な》げて「表《おもて》が出《で》たら100円《えん》もらえる。裏《うら》が出《で》たら何《なに》ももらえない(A《エー》)」というゲームと、「表《おもて》が出《で》たら300円《えん》もらえる。裏《うら》が出《で》たら100円払《えんはら》う(B《ビー》)」というゲームがあります。

A《エー》のゲームでゲットできそうな金額《きんがく》を計算《けいさん》すると(100+0)÷2=50円《えん》。一方《いっぽう》、B《ビー》は(300−100)÷2=100円《えん》です。**合理的《ごうりてき》に考《かんが》えれば、B《ビー》のゲームのほうがトクできる可能性《かのうせい》が高《たか》い**のです。しかし、人々《ひとびと》は「とにかく損《そん》だけはしたくない」と考《かんが》えるので、絶対《ぜったい》に損《そん》をしないA《エー》のゲームばかり選《えら》んでしまいます。

語 **プロスペクト理論《りろん》**

人 **ダニエル・カーネマン**
**エイモス・トベルスキー**

プロスペクトは「見通《みとお》し」「展望《てんぼう》」って意味《いみ》らしい。

# 考《かんが》え方《かた》にはクセがある？

いますぐじゃないとどうでもよくなる

# 人《ひと》は「未来《みらい》のトク」より「今《いま》すぐのトク」が好《す》き。

# できれば変《か》えたくない

トクするってわかってても
めんどくさいんだよな

人《にん》間《げん》の考《かんが》え方《かた》・判断基準《はんだんきじゅん》にはいろいろなクセがあります。行動経済学《こうどうけいざいがく》では、こうした**人間《にんげん》の考《かんが》え方《かた》のクセ**のことを**バイアス**(偏り)といいます。

代表的《だいひょうてき》なものが**現在《げんざい》バイアス**です。要《よう》するに、**人間《にんげん》は「今《いま》すぐ」を大事《だいじ》にしがち**ということです。たとえば、「今《いま》すぐ1万円《まんえん》もらえる(A《エー》)」と「1年後《ねんご》に3万円《まんえん》もらえる(B《ビー》)」だったら、人々《ひとびと》はA《エー》を選《えら》びがちです。合理的《ごうりてき》に考《かんが》えれば、3万円《まんえん》もらえたほうがうれしいのに、**「今《いま》すぐ」というところに大《おお》きな価値《かち》を感《かん》じてしまう**のです。

もうひとつ代表的《だいひょうてき》なものが**現状維持バイアス**です。これはサミュエルソンとゼックハウザーが提唱《ていしょう》しました。たとえば、携《けい》帯電話会社《たいでんわがいしゃ》の契約《けいやく》。他《ほか》の会社《かいしゃ》に乗《の》り換《か》えたほうが月々《つきづき》の通信費《つうしんひ》が安《やす》くなるとわかっていても、なかなか変《か》えようとしないのが、現状維持《げんじょういじ》バイアスです。

この心理《しんり》にはプロスペクト理論《りろん》もかかわってきます。**現状《げんじょう》を変《か》えるとは、言《い》い換《か》えれば、現状《げんじょう》をいったん失《うしな》うということです。**そのため、現状《げんじょう》でそこそこ満足《まんぞく》できていれば、その現状《げんじょう》を失《うしな》ってまでトクを取《と》りにはいきたくないと考《かんが》えがちなのです。

語 **バイアス**

人 **ウィリアム・サミュエルソン
リチャード・ゼックハウザー**

つい勉強《べんきょう》をサボっちゃうのも、「未来《みらい》のメリット」と「今《いま》のラクさ」を比《くら》べて、現在《げんざい》の快楽《かいらく》を優先《ゆうせん》させちゃうからだなんだって。

# 思《し》考《こう》法《ほう》には2つある？

ちょっかんは
ただしい？

人間《にんげん》はできれば時間《じかん》と手間《てま》をかけずにものを考《かんが》えたい。

ご、500万《まん》…

# 「おなじみ」を選んじゃう

かんがえかたの
スイッチを
きりかえよう

どうして人間《にんげん》は、非合理的《ひごうりてき》な行動《こうどう》をしてしまうのでしょうか。それは、**人間《にんげん》がふだん、2種類《しゅるい》の考《かんが》え方《かた》を使《つか》い分《わ》けている**からです。それが**じっくり考《かんが》えてから決《き》める思考法《しこうほう》**である**システマティック**と、**深《ふか》く考《かんが》えずにさっさと決《き》める思考法《しこうほう》**である**ヒューリスティック**です。ヒューリスティックによって生《う》み出《だ》されるのがバイアスです。こうした考《かんが》えは、カーネマンなどが提唱《ていしょう》しました。

私《わたし》たちはふだん、つねに選択《せんたく》をしています。たとえば、のどが渇《かわ》いた時《とき》、コーラを飲《の》むか麦茶《むぎちゃ》を飲《の》むか決《き》めるのも選択《せんたく》です。そういう選択《せんたく》をすべてシステマティックで考《かんが》えたら、時間《じかん》もかかるし、疲《つか》れます。だから、ついヒューリスティックで考《かんが》えがちなのです。

企業《きぎょう》はこれを利用《りよう》して、自分《じぶん》たちの商品《しょうひん》を買《か》ってもらおうとします。たとえばテレビでCM《シーエム》をバンバン流《なが》すのは、**利用可能性ヒューリスティック**というものを使《つか》おうとしているからです。これは要《よう》するに、**なじみのあるものをつい選《えら》んでしまう**というもの。コーラのCM《シーエム》がバンバン流《なが》れていたら、飲《の》みものを選《えら》ぶ時《とき》、ついコーラを選《えら》ぶということです。

語 **システマティック ヒューリスティック**

人 **ダニエル・カーネマン**

ふたつの思考法《しこうほう》は「ファスト思考《しこう》（速《はや》い思考《しこう》）」と「スロー思考《しこう》（遅《おそ》い思考《しこう》）」ともよばれるよ。

# いつの間《ま》にか誘導《ゆうどう》されてる？

## 行動《こうどう》経済学《けいざいがく》を利用《りよう》すれば「よい行動《こうどう》」が導《みちび》ける。

# つい「いいこと」をする

さりげなく
きづかないくらい

行動《どう》経済学《けいざいがく》の理論《りろん》は社会《しゃかい》のさまざまな場所《ばしょ》で活用《かつよう》されていて、人々《ひとびと》の行動《こうどう》をよい方向《ほうこう》に導《みちび》くような使《つか》い方《かた》もされれます。ノーベル経済学賞《けいざいがくしょう》を受賞《じゅしょう》したセイラーはサンスティーンとともに、これをナッジと名付《なづ》けました。ナッジとは**ひじでそっとつつく**という意味《いみ》です。

たとえば、オランダのアムステルダムにある空港《くうこう》の男性用《だんせいよう》の小便器《しょうべんき》の真《ま》ん中《なか》には、小《ちい》さなハエの絵《え》が描《えが》かれています。すると、このトイレを利用《りよう》する男性《だんせい》は、ついおしっこをハエの絵《え》にめがけて出《だ》します。

これにより、**便器《べんき》からおしっこが飛《と》び出《で》てトイレが汚《よご》れることがなくなり、汚《よご》れが8割《わり》も減《へ》った**という結果《けっか》が出《で》ました。「トイレをきれいに使《つか》ってください」というポスターを貼《は》るよりも、よほど効果《こうか》があったのです。

他《ほか》にも、最近《さいきん》は**健康《けんこう》にいいことをしていると、月々《つきづき》の保険料《ほけんりょう》が安《やす》くなる**制度《せいど》を取《と》り入《い》れている保険会社《ほけんがいしゃ》もあります。人々《ひとびと》が健康《けんこう》になれば、病気《びょうき》になる可能性《かのうせい》が減《へ》って、保険会社《ほけんがいしゃ》は保険金《ほけんきん》の支払《しはら》いを少《すく》なくできます。加入者《かにゅうしゃ》にとっても、保険会社《ほけんがいしゃ》にとってもいいことになるのです。

語 **ナッジ**

人 **リチャード・セイラー**
**キャス・サンスティーン**

セイラーは、ナッジの反対《はんたい》の意味《いみ》で、ナッグ（ガミガミ言《い》う）という言葉《ことば》も使《つか》ったみたいだよ。

# サンクコストって何《なに》？

もう取《と》り戻《もと》せないお金《かね》を人《ひと》はあきらめられない。

32

# 「もったいない」はいいこと？

なんであんなに
ムキになってたんだろ

たとえば2000円《えん》で2時間《じかん》の映画《えいが》のチケットを買《か》って、映画館《えいがかん》に観《み》に行《い》きました。しかし、30分《ぷん》観《み》ていて、つまらない映画《えいが》だとわかり、後半《こうはん》もまったくおもしろくなさそうだとします。この時《とき》、映画館《えいがかん》を出《で》るべきでしょうか。それとも、せっかくチケットを買《か》ったんだからと、最後《さいご》まで我慢《がまん》して観《み》るべきでしょうか。

経済学的《けいざいがくてき》には、この場合《ばあい》は映画館《えいがかん》を出《で》るべきと考《かんが》えます。なぜなら、**映画《えいが》を観続《みつづ》けて最後《さいご》までつまらなかったら、チケット代《だい》と、残《のこ》りの1時間半《じかんはん》という時間《じかん》が両方《りょうほう》ムダになる**からです。一方《いっぽう》、映画館《えいがかん》を出《で》て他《ほか》のことをすれば、チケット代《だい》がムダになるだけで済《す》みます。この時《とき》のチケット代《だい》のように、**もう支払《しはら》い済《ず》みで、取《と》り戻《もど》せないお金《かね》など**のことを、セイラーなどは**サンクコスト（埋没費用）**とよびました。

とはいえ、支払《しはら》ったお金《かね》を「もったいない」と感《かん》じてしまうのが人間《にんげん》です。たとえば、定額制《ていがくせい》の動画《どうが》サービスに加入《かにゅう》している人《ひと》は、「せっかくお金《かね》を払《はら》ってるんだから、たくさん観《み》ないともったいない」と考《かんが》え、あまり興味《きょうみ》がない映画《えいが》やドラマを観《み》るのに時間《じかん》を使《つか》ってしまったりするのです。

**サンクコスト**　人 **リチャード・セイラー**

ギャンブルで負《ま》けている人《ひと》も「ここまでつぎ込《こ》んだお金《かね》がもったいない」と考《かんが》えて、やめられなくなってしまうらしいよ。

貧《びん》乏《ぼう》症《しょう》とも言《い》う
いい入浴《にゅうよく》剤《ざい》入れちゃお
サイコー
フウ
早《はや》く出《で》たらもったいない 元《もと》を取《と》らなきゃ
ゆでだこ

# 第《だい》5章《しょう》

# 身《み》の回《まわ》りのお金《かね》がわかる経《けい》済《ざい》学《がく》

# 保《ほ》険《けん》はどういう仕《し》組《く》み？

じどうしゃ、いえ、じぶん、
こども、ペット…

万《まん》が一《いち》のために、みんなでお金《かね》を出《だ》し合《あ》っておくのが保《ほ》険《けん》。

保《ほ》険《けん》金《きん》
保《ほ》険《けん》料《りょう》

# 保険会社《ほけんがいしゃ》は金融機関《きんゆうきかん》でもある

いろんなものにかけるほけんがあるよ

だれでも大《おお》きな病気《びょうき》になったり、大《おお》ケガをしたりすることがあります。そうすると、仕事《しごと》ができないので収入《しゅうにゅう》がなくなる一方《いっぽう》で、治療費《ちりょうひ》や入院費《にゅういんひ》など、必要《ひつよう》なお金《かね》が増《ふ》えます。また、家族《かぞく》の中《なか》でとくに収入《しゅうにゅう》の大《おお》きな人《ひと》が亡《な》くなってしまうと、その人《ひと》の収入《しゅうにゅう》がなくなり、残《のこ》された家族《かぞく》の生活《せいかつ》が苦《くる》しくなったりします。

そういう、万《まん》が一《いち》の時《とき》のために、人々《ひとびと》が使《つか》っているのが保険《ほけん》です。**保険《ほけん》は、みんなから少《すこ》しずつお金《かね》を集《あつ》めて、万《まん》が一《いち》のことが起《お》きてしまった人《ひと》を助《たす》け合《あ》う仕組《しく》み**です。治療費《ちりょうひ》や入院費《にゅういんひ》のためのものが医療保険《いりょうほけん》、誰《だれ》かが亡《な》くなった時《とき》に残《のこ》された人《ひと》に渡《わた》すのが生命保険《せいめいほけん》です。保険《ほけん》に入《はい》っている人《ひと》が保険会社《ほけんがいしゃ》に支払《しはら》うお金《かね》を保険料《ほけんりょう》、万《まん》が一《いち》の事《こと》が起《お》きた時《とき》、保険会社《ほけんがいしゃ》が加入者《かにゅうしゃ》や受取人《うけとりにん》に支払《しはら》うお金《かね》を保険金《ほけんきん》といいます。

また、**保険会社《ほけんがいしゃ》は集《あつ》めたお金《かね》を、お金《かね》の足《た》りないところに貸《か》したりする金融機関《きんゆうきかん》でもあります。**万《まん》が一《いち》のことが一度《いちど》にたくさん起《お》こることはまずないので、お金《かね》を余《あま》らせておいたらもったいないからです。保険会社《ほけんがいしゃ》は銀行《ぎんこう》のようにお金《かね》を企業《きぎょう》に貸《か》したり、株式《かぶしき》を買《か》ったりして、世《よ》の中《なか》にお金《かね》を回《まわ》しています。

語 **保険《ほけん》**

日本《にっぽん》に初《はじ》めて西洋《せいよう》の生命保険《せいめいほけん》の仕組《しく》みを紹介《しょうかい》したのは、福沢諭吉《ふくざわゆきち》だっていわれているよ。

# 社会保険《しゃかいほけん》って何《なに》？

かいしゃいんのひとはきゅうよから「てんびき」されてるよ

公的年金《こうてきねんきん》や健康保険《けんこうほけん》はみんなの生活《せいかつ》を守《まも》るための国《くに》の保険《ほけん》。

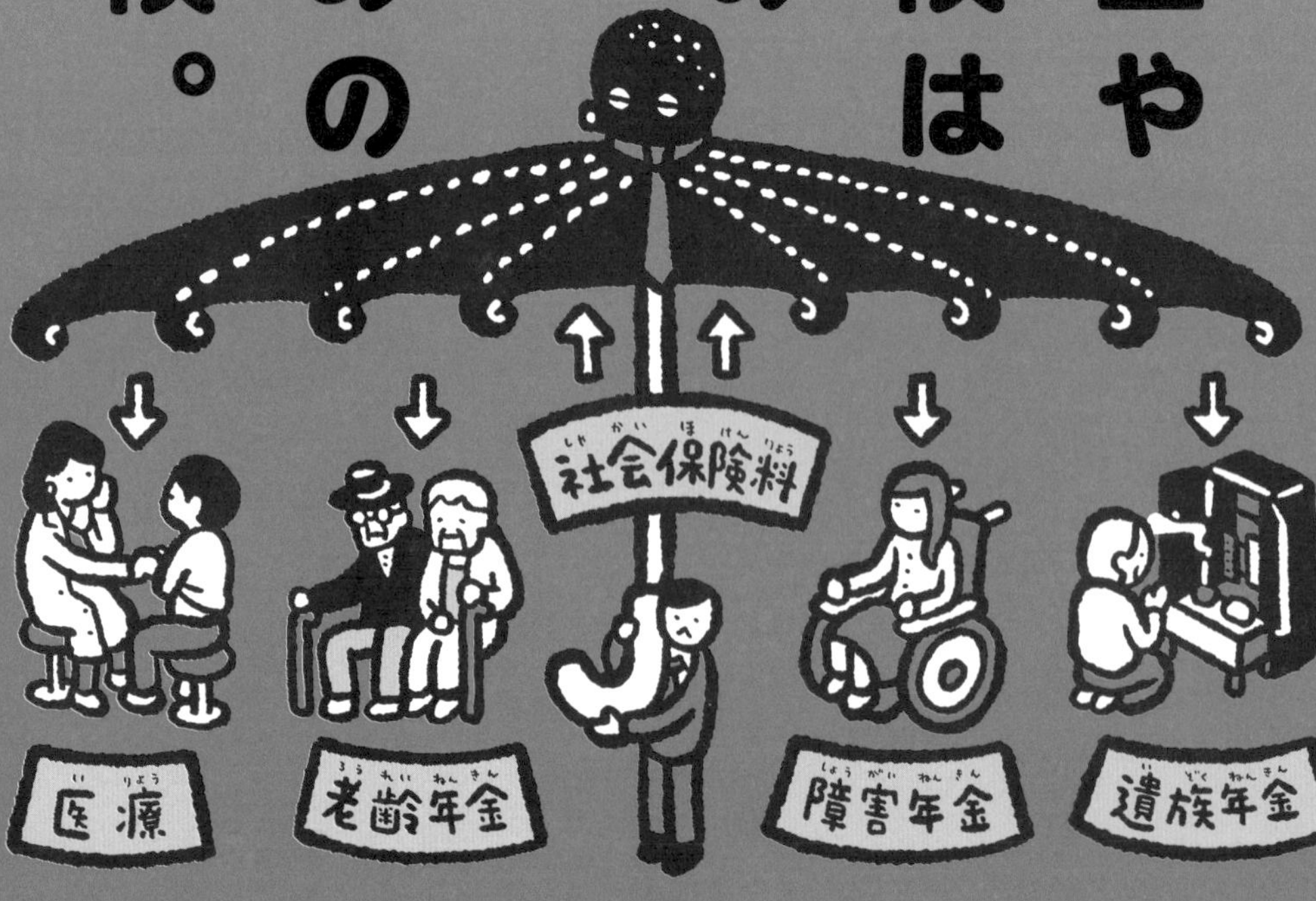
社会保険料《しゃかいほけんりょう》
医療《いりょう》
老齢年金《ろうれいねんきん》
障害年金《しょうがいねんきん》
遺族年金《いぞくねんきん》

# もしも年金《ねんきん》がなかったら

だれでも歳《とし》を重《かさ》ねると、若《わか》い時《とき》のように長時間働《ちょうじかんはたら》いたりできなくなります。それでも、生活《せいかつ》するためにはお金《かね》が必要《ひつよう》ですから、そうした高齢者《こうれいしゃ》の人《ひと》が受《う》け取《と》れるのが**公的年金《こうてきねんきん》**です。公的年金《こうてきねんきん》も保険《ほけん》のひとつで、**「長生《ながい》きして自分《じぶん》の生活費《せいかつひ》を自分《じぶん》で稼《かせ》げなくなった時《とき》」のために、みんなでお金《かね》を出《だ》し合《あ》う仕組《しく》み**です。

医療《いりょう》保険《ほけん》や生命保険《せいめいほけん》と違《ちが》うのは、**公的年金《こうてきねんきん》は国《くに》がやっていて、保険料《ほけんりょう》の支払《しはら》いが日本国民全員《にほんこくみんぜんいん》に義務《ぎむ》づけられている**点《てん》です。これを**社会保険《しゃかいほけん》**といいます。たとえば、あなたはお医者《いしゃ》さんに診察《しんさつ》してもらう時《とき》、保険証《ほけんしょう》を出《だ》して、医療費《いりょうひ》の一部《いちぶ》を払《はら》うだけでいいことになっています。この**健康保険《けんこうほけん》**も、社会保険《しゃかいほけん》です。

**社会保険《しゃかいほけん》は、国全体《くにぜんたい》を守《まも》るためにやっています。**もし年金《ねんきん》がなければ、自分《じぶん》が年《とし》を取《と》った時《とき》にお金《かね》がなくて困《こま》るかもしれないと、多《おお》くの人《ひと》が不安《ふあん》になるでしょう。また、医療費《いりょうひ》を全額自《ぜんがくじ》分《ぶん》で支払《しはら》わなければいけないとなったら、病気《びょうき》やケガをしても病院《びょういん》に行《い》かず、重症化《じゅうしょうか》させたり、亡《な》くなる人《ひと》が増《ふ》えるかもしれません。こうした社会保険《しゃかいほけん》は、ドイツのビスマルクという政治《せいじ》家《か》が最初《さいしょ》に実施《じっし》したといわれています。

語 **健康保険《けんこうほけん》**
人 **オットー・フォン・ビスマルク**

65歳以上《さいいじょう》の人《ひと》が国民《こくみん》の21%《パーセント》以上《いじょう》の社会《しゃかい》を超高齢社会《ちょうこうれいしゃかい》というよ。日本《にっぽん》は超高齢社会《ちょうこうれいしゃかい》だ。

# ローンって何《なに》?

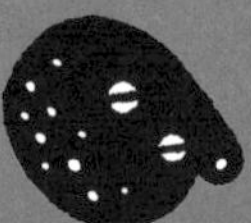


## ローンは個人《こじん》が銀行《ぎんこう》からお金《かね》を借《か》りること。

# ローンが組《く》みやすい人《ひと》は？

おとなはしばしば
チェックされる

語 **住宅《じゅうたく》ローン**

銀《ぎん》行《こう》からお金《かね》を借《か》りられるのは企業《きぎょう》だけではありません。**個人《こじん》も銀行《ぎんこう》からお金《かね》を借《か》りられます。**よくあるのは、マイホームを買《か》う時《とき》です。土地《とち》や家《いえ》を買《か》うには何千万円《なんぜんまんえん》という大《たい》金《きん》が必要《ひつよう》だからです。

このように、住宅《じゅうたく》を買《か》うために銀行《ぎんこう》からお金《かね》を借《か》りることを、住宅《じゅうたく》ローンを組《く》むといいます。この時《とき》、**銀行《ぎんこう》はその人《ひと》の預金額《よきんがく》や毎月《まいつき》の収入《しゅうにゅう》をチェックし、ちゃんとお金《かね》を返《かえ》せそうな人《ひと》にだけ貸《か》します。**とくに銀行《ぎんこう》は、収入《しゅうにゅう》が安定《あんてい》しているかどうかを大事《だいじ》にします。毎月《まいつき》決《き》まった日《ひ》に、決《き》まった金額《きんがく》の給料《きゅうりょう》がもらえる会社員《かいしゃいん》は、ローンが組《く》みやすいです。逆《ぎゃく》に、芸能人《げいのうじん》などはローンが組《く》みにくいとされます。売《う》れっ子《こ》の芸能人《げいのうじん》は月収何百万円《げっしゅうなんびゃくまんえん》もの大金《たいきん》を稼《かせ》いだりしますが、来年《らいねん》もその人気《にんき》や収入《しゅうにゅう》が続《つづ》くかわからず、不安定《ふあんてい》だからです。

また、**ローンは返済《へんさい》する時《とき》、利子《りし》をつけて銀行《ぎんこう》に返《かえ》します。**この割合《わりあい》を住宅《じゅうたく》ローン金利《きんり》といい、その時《とき》の経済《けいざい》の調子《ちょうし》などによって上《あ》がったり下《さ》がったりします。住宅《じゅうたく》ローンにもいろいろな種類《しゅるい》があり、それぞれ金利《きんり》の高《たか》さが違《ちが》うので、家《いえ》を買《か》う人《ひと》はそれらを比《くら》べて判断《はんだん》しています。

ローンという言葉《ことば》はもともと「貸《か》し付《つ》ける」って意味《いみ》だけど、今《いま》は「銀行《ぎんこう》から借金《しゃっきん》すること」という意味《いみ》で使《つか》われているみたい。

# クレジットカードって?

てがるにしはらいできて
とてもべんりだけど

クレジットカードは、カード会社《がいしゃ》に借金《しゃっきん》して支払《しはら》いを後《あと》にできるもの。

ヨロシク!
1か月後《げつご》…
今月《こんげつ》の請求額《せいきゅうがく》です

カードさんありがとう~

私《わたし》がかわりに払《はら》いますね
TACO TACO EXPRESS

# 使《つか》い方《かた》には要注意《ようちゅうい》

しゃっきんをしてる
いしきはもっておくべき

買《か》い物《もの》の時《とき》、サッとクレジットカードを渡《わた》すだけでお会計《かいけい》を済《す》ませられるのは、スマートに見《み》えますよね。でもあれは、**クレジットカードの会社《かいしゃ》に借金《しゃっきん》をしている**のと同《おな》じです。お店《みせ》でクレジットカードを使《つか》うと、いったんカード会社《がいしゃ》がそのお店《みせ》にお金《かね》を支払《しはら》います。そして、その翌月《よくげつ》に、カード会社《がいしゃ》から「あなたが先月使《せんげつつか》った〇万円《まんえん》を私《わたし》たちが代《か》わりに支払《しはら》ったから、このお金《かね》を返《かえ》してください」という請求《せいきゅう》が来《く》るのです。

　そもそも**クレジットは「信用《しんよう》」という意味《いみ》**です。「この人《ひと》はちゃんと後《あと》でお金《かね》を払《はら》ってくれる」と信用《しんよう》された人《ひと》だけがカードを作《つく》れます。もし翌月《よくげつ》に払《はら》えないと、信用《しんよう》できない人物《じんぶつ》だと判断《はんだん》されて、カードが使《つか》えなくなったり、他《ほか》のクレジットカードも作《つく》れなくなったりするのです。

　クレジットカードの返済方法《へんさいほうほう》は、翌月《よくげつ》にすぐ返《かえ》す**一括払《いっかつばら》い**や、何《なん》か月《げつ》かに分《わ》けて返《かえ》す**分割払《ぶんかつばら》い**、**リボルビング払《ばら》い**（**リボ払《ばら》い**）などいろいろあります。ただし、**分割払《ぶんかつばら》いやリボ払《ばら》いのように、返《かえ》すのに時間《じかん》がかかる**（**借金《しゃっきん》する時間《じかん》が長《なが》い**）**と、カード会社《がいしゃ》にたくさんの利子《りし》を支払《しはら》わないといけなくなる**ことも多《おお》いので、使《つか》い方《かた》には注意《ちゅうい》が必要《ひつよう》です。

語 **クレジットカード**

大人《おとな》でもクレジットカードの仕組《しく》みを勘違《かんちが》いして、翌月《よくげつ》に返《かえ》せないくらい使《つか》っちゃう人《ひと》もいるんだって……。

# 国債《こくさい》って何《なに》？

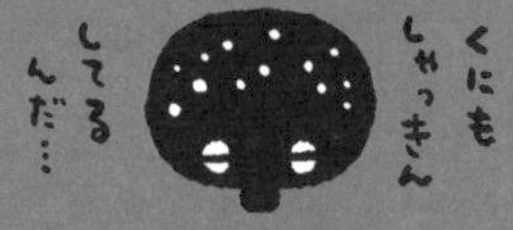
くにもしゃっきんしてるんだ…

国債《こくさい》は国《くに》がいろいろな人《ひと》からする借金《しゃっきん》。

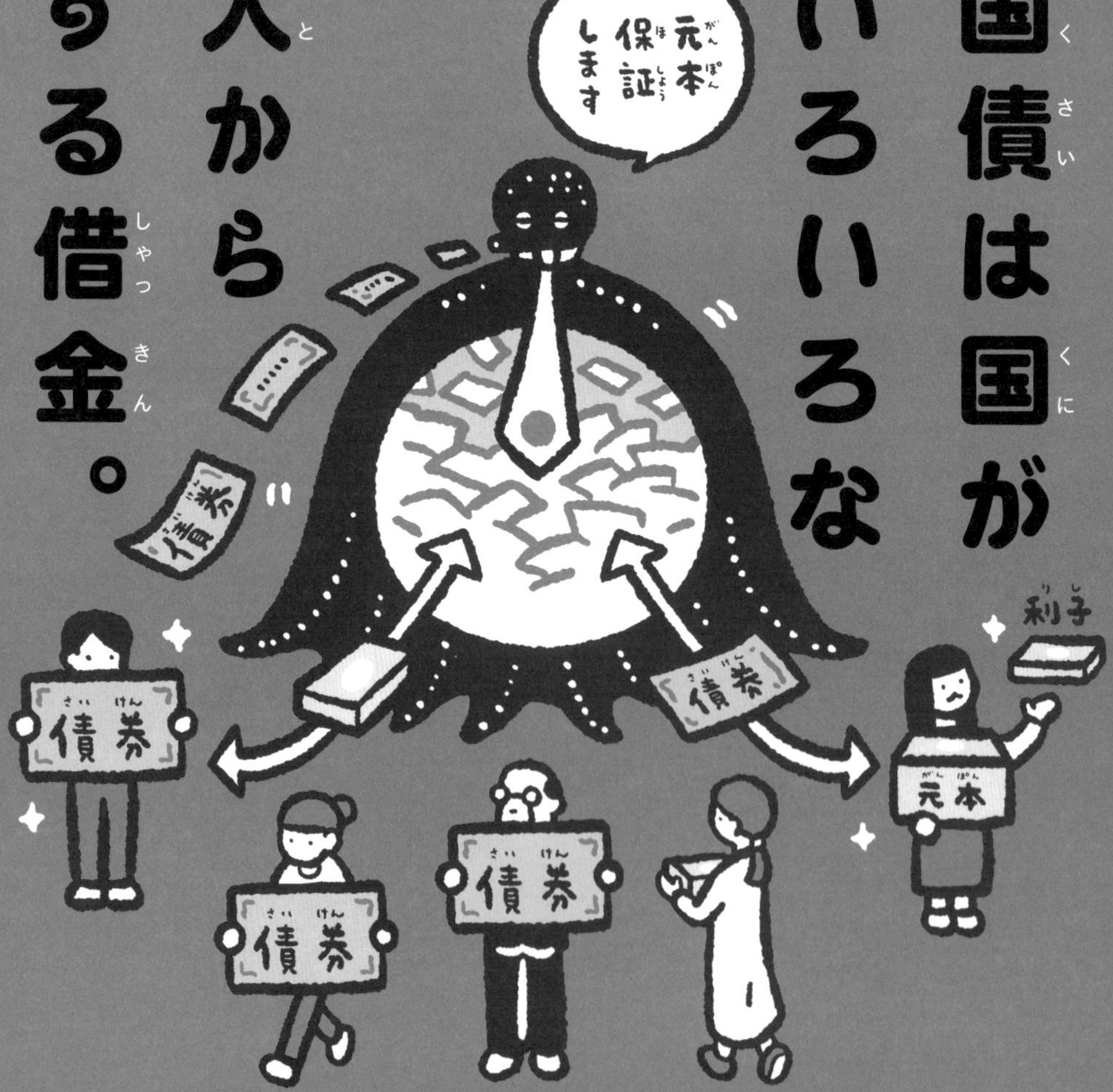
元本《がんぽん》保証《ほしょう》します
債券《さいけん》
債券《さいけん》
債券《さいけん》
債券《さいけん》
債券《さいけん》
利子《りし》
元本《がんぽん》

# 国債《こくさい》は他《ほか》の人《ひと》に売《う》れる

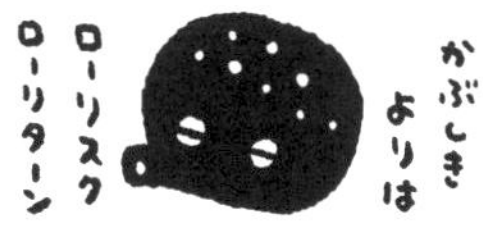
かぶしきよりは
ローリスクローリターン

借《しゃっ》金《きん》をすると、「私《わたし》は借金《しゃっきん》をしました。約束《やくそく》の日《ひ》までに利《り》子《し》をつけて返《かえ》します」という証拠《しょうこ》の紙《かみ》などを残《のこ》します。これを**債券《さいけん》**といいます。債《さい》とは借金《しゃっきん》のこと。つまり、**国債《こくさい》とは国《くに》の借金《しゃっきん》のこと**です。

財政《ざいせい》のところ（49ページ）で説明《せつめい》したように、政府《せいふ》は国民《こくみん》から税金《ぜいきん》を集《あつ》めて、公共事業《こうきょうじぎょう》や公共《こうきょう》サービスを提供《ていきょう》します。しかし、**税金《ぜいきん》だけでは足《た》りない時《とき》は、国債《こくさい》を発行《はっこう》して、それをいろいろな人《ひと》に買《か》ってもらい、借金《しゃっきん》をするの**です。こうして発行《はっこう》される国債《こくさい》を**赤字国債《あかじこくさい》**ともよびます。日本《にっぽん》だと、個人《こじん》でも日本政府《にほんせいふ》が発行《はっこう》した国債《こくさい》を買《か》えます。

そして、**国債《こくさい》は株式《かぶしき》と同《おな》じように途中《とちゅう》で他《ほか》の人《ひと》に売《う》ることもできます。**その国債《こくさい》がほしい人《ひと》がたくさんいれば、国債《こくさい》の値段《ねだん》は高《たか》くなりますし、ほしい人《ひと》が少《すく》なければ、国債《こくさい》の値段《ねだん》は安《やす》くなります。ふつう、**国債《こくさい》は株式《かぶしき》よりは安全《あんぜん》だといわれます。**株《かぶ》式《しき》は、その会社《かいしゃ》の業績《ぎょうせき》が悪《わる》くなれば、配当金《はいとうきん》がもらえなくなりますし、会社《かいしゃ》が倒産《とうさん》するおそれもあります。その点《てん》、国債《こくさい》は国《くに》がなくならない限《かぎ》り利子《りし》が支払《しはら》われますし、期限《きげん》になったら元《もと》のお金《かね》（**元本《がんぽん》**）も返《かえ》してもらえるからです。

語 **国債《こくさい》**

2023年度《ねんど》の日本《にっぽん》の赤字国債《あかじこくさい》はだいたい29兆円《ちょうえん》もあるんだって。大丈夫《だいじょうぶ》かな……。

# 消費《しょうひ》と投資《とうし》の違《ちが》いは？

じぶんのサイフのなかでバランスよくふりわけよう

お金《かね》との交換《こうかん》で満足《まんぞく》を得《え》るのが消費《しょうひ》。お金《かね》を増《ふ》やすのが投資《とうし》。

# 今日《きょう》からできることは？

どんな
かんがえで
どうやって
つくられた
のかな

なにかしらの利益《りえき》を得《え》る目的《もくてき》で資金《しきん》(お金《かね》)を出《だ》すことを投《とう》資《し》といいます。会社《かいしゃ》の株式《かぶしき》を買《か》ったり、国債《こくさい》を買《か》ったりすることも投資《とうし》です。投資《とうし》は、投下《とうか》した資金《しきん》を増《ふ》やす目的《もくてき》で行《おこな》われることが多《おお》いです。

また、消費《しょうひ》という言葉《ことば》もあります。平《ひら》たくいえば、お金《かね》を使《つか》うことです。投資《とうし》と違《ちが》ってお金《かね》が増《ふ》えることはありませんが、お金《かね》と何《なに》かを交換《こうかん》して、満足《まんぞく》（経済学《けいざいがく》では効用《こうよう》といったりします）を得《え》ています。

**投資《とうし》も、消費《しょうひ》も、どちらも自分《じぶん》のお金《かね》を相手《あいて》に渡《わた》す投票行為《とうひょうこうい》です。**たとえば、おいしいと思《おも》ったアイスを買《か》って食《た》べる（消《しょう》費《ひ》する）ことは、そのアイスを作《つく》った会社《かいしゃ》に投票《とうひょう》しているのと同《おな》じです。その会社《かいしゃ》にもっとがんばってほしいと思《おも》ったら、その会社《かいしゃ》の株式《かぶしき》を買《か》って応援《おうえん》する(投資《とうし》する)こともできます。

最近《さいきん》は、**環境問題《かんきょうもんだい》や社会課題《しゃかいかだい》の解決《かいけつ》のために活動《かつどう》している会社《しゃ》を応援《おうえん》するために、その会社《かいしゃ》の商品《しょうひん》・サービスを消費《しょうひ》する**エシカル消費《しょうひ》というものもあります。経済《けいざい》をよくするために今日《きょう》からすぐできることのひとつが、よいものかをしっかり考《かんが》えて、投資《とうし》したり消費《しょうひ》したりすることなのです。

語 **投資《とうし》／消費《しょうひ》**

エシカルは「倫理的《りんりてき》」って意味《いみ》で、道徳的《どうとくてき》とかモラルがあるということらしいよ。

なにがトクかは
自《じ》分《ぶん》が決《き》める
ちかくのスーパーの方《ほう》が安《やす》いけど
八《や》百《お》屋《や》さんに行《い》く理《り》由《ゆう》
これはいい色《いろ》だからうまいよ
へー
いまが旬《しゅん》だよ
焼《や》いて塩《しお》がサイコーだよ
いろんな情《じょう》報《ほう》と
おじいさんのかわいい顔《かお》
ありがとう〜
トクした

# 主《おも》な参《さん》考《こう》文《ぶん》献《けん》


『池上彰のマンガでわかる経済学〈1〉経済のしくみ』（日本経済新聞出版）

『池上彰のやさしい経済学［令和新版］　1　しくみがわかる』（日本経済新聞出版）

『池上彰のやさしい経済学　2　ニュースがわかる』（日本経済新聞出版）

『経済のことよくわからないまま社会人になった人へ【第４版】』（海竜社）

『【改訂新版】池上彰のお金の学校』（朝日新聞出版）

『マンキュー入門経済学（第３版）』（東洋経済新報社）

『池上彰の行動経済学入門』（Ｇａｋｋｅｎ）

# さくいん

# イラスト学問図鑑 シリーズについて

世界《せかい》はいつも変化《へんか》しています。新《あたら》しい科学技術《かがくぎじゅつ》の発明《はつめい》は私《わたし》たちの生活《せいかつ》を豊《ゆた》かにし、新《あたら》しい芸術《げいじゅつ》や思想《しそう》の発展《はってん》は私《わたし》たちの心《こころ》を豊《ゆた》かにしてくれます。しかし、今《いま》は、みんなが信《しん》じられる〝何《なに》か〟を見《み》つけることが難《むずか》しい時代《じだい》になりました。また、人《ひと》びとの間《あいだ》で格差《かくさ》が広《ひろ》がったり、埋《う》められない考《かんが》え方《かた》の違《ちが》いが生《う》まれたりすることで、争《あらそ》いが絶《た》えない状態《じょうたい》でもあります。

こうした世界《せかい》の進歩《しんぽ》と課題《かだい》に向《む》き合《あ》い、私《わたし》たちの生活《せいかつ》を少《すこ》しでもよくすることを目指《めざ》しているのが学問《がくもん》です。

「イラスト学問図鑑《がくもんずかん》」シリーズは、そんな学問《がくもん》を子《こ》どもから大人《おとな》まで、みんなが教養《きょうよう》として楽《たの》しみ、日々《ひび》の生活《せいかつ》のちょっとしたヒントにしてもらうことを願《ねが》って企画《きかく》されました。学問《がくもん》というと、研究者《けんきゅうしゃ》たちが大学《だいがく》で取《と》り組《く》んでいる〝難《むずか》しいもの〟と感《かん》じる人《ひと》も多《おお》くいるかもしれません。しかし、「イラスト学問図《がくもんず》鑑《かん》」は文字通《もじどお》りイラストとわかりやすい文章《ぶんしょう》で、誰《だれ》でも学問《がくもん》に入門《にゅうもん》できるように工夫《くふう》しています。

読者《どくしゃ》のみなさんの中《なか》には、まだ大学《だいがく》に入《はい》る前《まえ》の人《ひと》もいるでしょう。そんなみなさんには、小学校《しょうがっこう》や中学校《ちゅうがっこう》、高校《こうこう》での勉強《べんきょう》が、将来《しょうらい》、学問《がくもん》を学《まな》び、活用《かつよう》するために生《い》きることを想像《そうぞう》しながら本《ほん》を楽《たの》しんでもらえるとうれしく思《おも》います。学問《がくもん》を知《し》ることが、「なんで学校《がっこう》に行《い》くんだろう？」「勉強《べんきょう》なんて何《なん》の役《やく》に立《た》つんだろう？」、そう思《おも》ったことがある人《ひと》への1つの答《こた》えになるはずです。

また、大学生《だいがくせい》や大人《おとな》の読者《どくしゃ》の方《かた》もいるでしょう。そんなみなさんには、知的《ちてき》なことを知《し》る喜《よろこ》びを体験《たいけん》し、明日《あした》からの生活《せいかつ》に学問《がくもん》を生《い》かしてもらえるとうれしく思《おも》います。本書《ほんしょ》で学《まな》んだ学《がく》問《もん》には生活《せいかつ》に直結《ちょっけつ》しづらいものもあるかもしれません。しかし、「生活《せいかつ》に生《い》かす」とは、必《かなら》ずしも生活《せいかつ》を便利《べんり》にすることだけではありません。学問《がくもん》を学《まな》ぶことで教養《きょうよう》が深《ふか》まり、それが心《こころ》を豊《ゆた》かにしたり、人《ひと》との会話《かいわ》に奥行《おくゆ》きを与《あた》えたりしてくれるはずです。

学問《がくもん》に興味《きょうみ》を持《も》ったすべての人《ひと》が、本書《ほんしょ》を通《とお》して希望《きぼう》と夢《ゆめ》を持《も》ち、人生《じんせい》にわくわくできるようになることを願《ねが》っています。

**——君《きみ》が求《もと》めるものはここにある *(quod petis hic est)***

編集部《へんしゅうぶ》

KODOMO ECONOMICS


### 監修《かんしゅう》

## 池上彰

**いけがみ あきら**

1950年長野県生まれ。慶應義塾大学経済学部卒業後、1973年にNHK入局。1994年から「週刊こどもニュース」のお父さん役を務め、お茶の間でも人気に。2005年よりフリージャーナリストとして活動。難しいニュースを老若男女にわかりやすく解説することに定評がある。著書累計750万部超。児童書の監修も多い。

### イラスト

## モドロカ

大阪生まれ、和歌山在住。イラスト・デザインを手掛けた書籍に『世界がぐっと近くなるSDGsとボクらをつなぐ本』(Gakken)など。



イラスト学問図鑑《がくもんずかん》

# こども経済学《けいざいがく》

2024年　3月　4日　第1刷発行

**監修**…池上彰《いけがみあきら》
**編**……講談社《こうだんしゃ》
**イラスト・デザイン**…モドロカ
**発行者**…森田浩章
**発行所**…KODANSHA
株式会社講談社
〒112-8001
東京都文京区音羽2-12-21
電話　**編集** 03-5395-3535
　　　**販売** 03-5395-3625
　　　**業務** 03-5395-3615
**印刷所**…株式会社KPSプロダクツ
**製本所**…大口製本印刷株式会社
**データ制作**…マイム



定価はカバーに表示してあります。落丁本・乱丁本は、購入書店名を明記のうえ、小社業務あてにお送りください。送料小社負担にてお取り替えいたします。なお、この本についてのお問い合わせは、児童図書編集あてにお願いいたします。本書のコピー、スキャン、デジタル化等の無断複製は著作権法上での例外を除き禁じられています。本書を代行業者等の第三者に依頼してスキャンやデジタル化することはたとえ個人や家庭内の利用でも著作権法違反です。



本書は書き下ろしです。　N.D.C.330 99p 21cm　©Kodansha 2024　Printed in Japan　ISBN978-4-06-534774-4